FALKEN-BIOTHEK

FALKEN - BIOTHEK

Ingrid Gabriel

Neuanlage eines Biogartens

Planung, Bodenvorbereitung, Gestaltung

FALKEN VERLAG

Von der gleichen Autorin sind in dieser
Reihe erschienen:
»So wird mein Garten zum Biogarten«,
»Gesunde Pflanzen im Biogarten«,
»Der Biogarten unter Glas und Folie«.

CIP-Kurztitelaufnahme der Deutschen
Bibliothek

Gabriel, Ingrid:
Neuanlage eines Biogartens :
Planung, Bodenvorbereitung, Gestaltung /
Ingrid Gabriel. –
Niedernhausen/Ts. : Falken-Verlag, 1984.
   (Falken-Bücherei) (Falken-Biothek)
   ISBN 3-8068-0721-3

ISBN 3 8068 0721 3

Titelbild und Fotos: Ingrid Gabriel
Fotos Seite 18/19 Elisabeth und Günther
Hälsig; Seite 48/49 aus »mosaik« Magazin
der Bausparkasse Schwäbisch Hall.
Zeichnungen: Ingrid Gabriel, Elke Stein-
kopff, Theresa Verspohl.
Die Ratschläge in diesem Buch sind von
Autor und Verlag sorgfältig erwogen und
geprüft, dennoch kann eine Garantie
nicht übernommen werden. Eine Haftung
des Autors bzw. des Verlages und seiner
Beauftragten für Personen-, Sach- und
Vermögensschäden ist ausgeschlossen.
Satz: LibroSatz,
6239 Kriftel bei Frankfurt
Druck: Offset-Team Zumbrink,
4902 Bad Salzuflen

817 2635 4453 6271

Inhalt

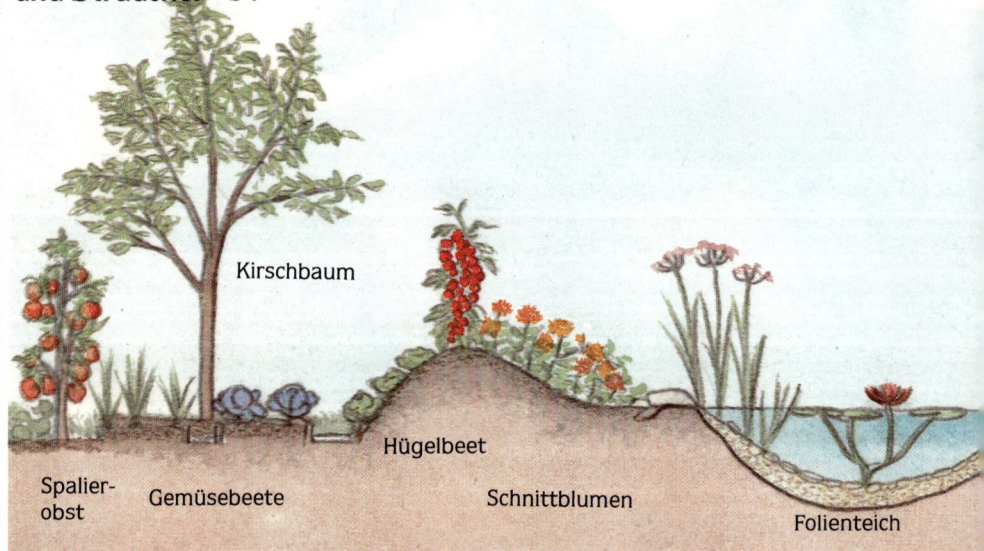

Kirschbaum

Hügelbeet

Spalier-
obst

Gemüsebeete

Schnittblumen

Folienteich

Schrebergartenlaube

Johannisbeerstrauch　　　Wassertonne　　　Kompost

Feuchtgebiet

Schrebergarten im Schnitt

Einführung

Ein Stück Gartenland ist gegenwärtig die einzige Möglichkeit für den einzelnen, zur Erhaltung der Pflanzen- und Tierwelt uneingeschränkt beitragen zu können und die Fruchtbarkeit der Erde zu erhöhen.

»Was nützt das alles?« wird sich so manch einer fragen. Atmosphäre, Boden und Wasser sind voller Schadstoffe. Das gesamte Gartenland in der Bundesrepublik Deutschland ist zusammen nur so groß wie die Hälfte der Fläche Schleswig-Holsteins. Und auch diese Fläche wird nur zu einem kleinen Teil naturgemäß bewirtschaftet.

Im Gegensatz zu den Landwirten, die heute von staatlichen Stellen im Sinne des integrierten Pflanzenschutzes beraten werden, stehen noch viele Gartenbesitzer auf dem Standpunkt, daß viel auch viel hilft. Mit giftigen Sprays, deren Einsatz keiner mühevollen Vorbereitung bedarf, gehen sie auf jedes Insekt in ihrem Garten los, das sie nicht kennen.

Wie leicht könnten sie dabei den Blattlauslöwen, eine Laufkäferlarve oder eine Marienkäferlarve töten. Sie sehen nämlich alle nicht sonderlich attraktiv aus und sind dem Laien weitgehend unbekannt, aber sehr nützlich.

Trotzdem brauchen wir nicht mutlos zu sein. Die Einsicht wächst bei immer mehr Menschen, daß es so nicht weitergehen darf. In der Landwirtschaft wird die bisher von den meisten Bauern praktizierte Düngung immer kostspieliger. Der Boden ist strapaziert. Will man wenigstens gleich große Ernten herausholen, muß jedes Jahr mehr gedüngt werden. Die Düngermenge wird größer und teurer dazu.

Dem Gartenbesitzer geht es ähnlich. Dazu kommt bei ihm, daß er seiner Familie, vor allem den Kindern, den ständigen Kontakt mit gefährlichen Substanzen in der näheren Umgebung nicht zumuten will und auch nicht kann. Denn die Empfindlichkeit gegen Schadstoffe wächst, sind wir doch alle übermäßig mit Stoffen belastet, die in unserem Körper nichts zu suchen haben.

So kommt es, daß die Zahl der Biobauern und Biogärtner sich stetig vermehrt – trotz mancher Berichte über die Unterschiedslosigkeit von Biokost und heute üblicher Nahrung. Bei näherer Untersuchung solcher Berichte stellen sich die Studien, auf denen diese Berichte beruhen, häufig als wertlos heraus, weil sie methodische Mängel und statistische Fehler aufweisen, bei denen man sich des Verdachtes nicht erwehren kann, daß bewußt manipuliert wurde.

Vergleichende Untersuchungen sind auch gar nicht so einfach, denn es kommt neben den Anbaumethoden auch sehr auf die Anbauverhältnisse an, wie viele Inhalts- und Schadstoffe in einem Nahrungsmittel zu finden sind.

Die Anbauverhältnisse sind durch verschiedene Faktoren bedingt: Lage (Nord- oder Süddeutschland, Höhen- oder Tallage, Flachland oder Schräglage, Süd-, Ost-, West- oder Nordhang), den Standort inner-

Marienkäferlarven schlüpfen aus Eiern.

Laufkäferlarve.

halb eines Geländes (Beetrichtung, Zeitspanne der Sonnenbestrahlung, nach Norden durch Mauern, Bäume oder Büsche geschützte Lage), Wetter, vorherrschende Windrichtung, Nähe zu emissionsträchtigen Industrieanlagen, Bodenart, Jahreszeit, Sorte, Reifestadium, Erntezeit, Düngung und Anbautechnik.

Durch diese Verhältnisse können sich beispielsweise bei Gemüse beträchtliche Unterschiede im Gehalt von Nährstoffen, Vitaminen und Schadstoffen ergeben.

Um vergleichende Analysen durchführen zu können, muß man vergleichbare Bedingungen für konventionellen und alternativen Anbau zur Verfügung haben. Wenn diese Bedingungen Versuchen zugrunde liegen, kommt man zu Ergebnissen, die für naturgemäßen Anbau günstig sind.

So ist beispielsweise in der Schweiz eine Nitratanalyse für Kopfsalat unternommen worden. Dabei stellte sich heraus, daß Biosalat im Frühjahr und Sommer wertvoller ist, während im Winter kaum noch Unterschiede im Nitratgehalt festzustellen waren.

Bekannt ist der zwölfjährige Spinatversuch von Werner Schuphan, dem Gründer der früheren Bundesanstalt für Qualitätsforschung pflanzlicher Erzeugnisse. Er wies nach, daß organisch gedüngter Spinat weit mehr Vitamin C aufweist als herkömmlich angebauter.

Ein Forschungsprojekt mit vergleichenden Analysen unter Beteiligung des Bonner Landwirtschaftsministeriums, einiger Bundesforschungsanstalten und des Instituts für biologisch-dynamische Forschung läuft zur Zeit. Auf die erst 1985 vorliegenden Ergebnisse darf man gespannt sein. Es deutet sich aber bereits an, daß Biokost unter vergleichbaren Bedingungen konventioneller Ware überlegen ist.

Als Laie macht man die Erfahrung, daß biologisch herangezogenes Obst und Gemüse aus dem eigenen Garten viel besser schmeckt und bekömmlicher ist als herkömmlich angebaute Produkte. Auch die Haltbarkeit ist besser. Bäcker machen die Erfahrung, daß Mehl von Biogetreide sich bei der Sauerteiggärung und Verarbeitung günstiger verhält als Getreide aus konventionellem Anbau.

Diese Kriterien und auch die größere Gesundheit und Fruchtbarkeit von Tieren bei biologischer Fütterung werden von interessierter Seite noch immer in das Reich der Phantasie verbannt.

Dabei kommt einem zwangsläufig die Frage in den Sinn: Warum gehen die Gegner des biologischen Anbaus mit allen Mitteln gegen den Bio-Land- und -Gartenbau vor, wenn diese Anbauweise gar keine Chance hätte?

Ein paar tausend Jahre ist es erst her, daß die Menschen anfingen, die Erde zu bearbeiten. Frühformen von Landwirtschaft lassen sich in Vorderasien nachweisen. Im 6. Jahrtausend vor der Zeitenwende gediehen Urformen von Weizen und Gerste auf Waldlichtungen in Südosteuropa, im 5. Jahrtausend in Mitteleuropa. Neben Holzspaten und Grabstock gab es im 4. vorchristlichen Jahrtausend auch schon den hölzernen Hakenpflug.

Ausgebeutet wurde die Erde noch nicht. Dazu wurde zuwenig angebaut. Außerdem waren die Menschen noch so mit der Natur verbunden, daß sie ein unbewußtes Wissen von den Gesetzen der Natur hatten.

Mit dem Aufkommen des Ackerbaus kümmerten sich Priester um die besten Saat-, Bearbeitungs- und Erntezeiten. Schlagartig gab es neben den Totenkulten vor allem Fruchtbarkeitskulte, und die Ackerbauern richteten sich nach den weisheitsvollen Angaben der Priester. Es ist zu vermuten, daß die damaligen Priester mehr über Ackerbau wußten als wir Menschen der Gegenwart.

Aber es kam die Zeit, da wurde die Weisheit der Priester zur bloßen Tradition. Man handhabe die Dinge so, wie man sie schon immer gemacht hatte, ohne zu wissen warum. Und weil man es nicht mehr wußte, vergaß man auch manches.

So beklagte Plato das Fällen der Wälder auf Griechenlands Höhen. Der fruchtbare

Humus wurde vom Regen in die Tiefen des Meeres gespült. So geschah es im alten Rom und im Spanien Philipps II.

Immerhin wurde in den römischen Provinzen um die Zeitenwende die Dreifelderwirtschaft praktiziert, die regelmäßige Folge von Wintergetreide, Sommergetreide und Brache. Auch in Mitteleuropa setzte sich diese Wirtschaftsform langsam durch. Sie ist allerdings urkundlich erstmals im 8. nachchristlichen Jahrhundert belegt.

Der Fortschritt kam langsam. Während man in der Nähe des heutigen Bremerhaven um Christi Geburt mit dem vergleichsweise sehr modernen Streichbrettpflug die Scholle bereits wendete, wurde der Hakenpflug in vielen Gegenden Mitteleuropas noch bis weit in die Neuzeit verwendet.

Die Dreifelderwirtschaft war lange Zeit ohne Veränderung das herrschende Agrarsystem. Zwar erholte sich der Boden während der Brache immer wieder, aber die Gemeindeherde hatte nur ein kümmerliches Auskommen. Starb ein Teil der Herde nach magerer Sommer- und noch kärglicherer Winterkost, die nur aus Stroh bestand, dann gab es zuwenig Dung, um eine gute Getreideernte zu erwirtschaften.

Abgesehen von der Dreifelderwirtschaft waren es aber auch Leibeigenschaft, Bauernaufstände, Kriege und Pest, die jeden Fortschritt erstickten, bis endlich Mitte des 16. Jahrhunderts die Brachfelder für den Anbau von Klee und Kohl genutzt wurden. Ohne etwas von Stickstoff oder Knöllchenbakterien zu wissen, empfahl der erste deutsche Agrarschriftsteller Conrad Heresbach die Luzerne als die »beste aller Futterpflanzen«. Er war es auch, der die Lupine als Gründüngungspflanze pries.

Doch erst nach dem Dreißigjährigen Krieg wurden die Brachfelder allgemein genutzt, und daraufhin erreichte die Landwirtschaft in Europa eine nie gekannte Blüte.

Die »Ökonomie« wurde nach der Abkehr von der Dreifelderwirtschaft sogar Mode bei Aristokraten, Bürgern und Wissenschaftlern. Reformen wurden eingeleitet. Die Creme des Adels entdeckte ihre Leiden-

schaft für das bäuerliche Handwerk. So experimentierte Madame Pompadour mit Saatkörnern, Marie Antoinette schmückte sich mit den Blüten der aus Amerika neu eingeführten Kartoffeln. König Friedrich II. von Preußen ließ 100 000 ha Land trockenlegen und förderte den Anbau der Kartoffel; schon sein Vater hatte die im Trockenlegen von Mooren bewanderten Holländer zu diesem Zweck nach Ostpreußen geschickt, wo Städtenamen wie Preußisch-Holland ihre Herkunft bezeugten.

Der österreichische Kaiser Joseph II. war sich nicht zu schade, Modell für einen pflügenden Bauern zu stehen, und erhob den Pionier des Futteranbaus, Johann Christian Schubart, zum »Edlen Herrn von Kleefelde«. Der Klee wurde angesichts der günstigen Entwicklung der Landwirtschaft zur Glückspflanze. Die neue Bewirtschaftung hieß Fruchtfolge. Blattpflanzen wechselten in einjährigem Turnus mit Getreidepflanzen. Beispielsweise pflanzte man Kartoffeln im Wechsel mit Getreide. Man erkannte, daß der Boden seine Fruchtbarkeit bewahrte, wenn er nicht einseitig beansprucht wurde.

Auch das geringere Auftreten von Schädlingen wurde beobachtet. Waren diese auf eine Pflanze spezialisiert, hatten sie im nächsten Jahr bei Fruchtwechsel kein Auskommen.

Der preußische Agronom und Arzt Albrecht Daniel Thaer hatte an der Verbreitung des Fruchtwechsels in Preußen großen Anteil. Er war es auch, der die Rolle des Humus für die Pflanzen erkannte, kam aber mit seiner Theorie nicht durch. Ein paar Jahrzehnte später wiesen der Agronom Carl Sprengel und der Chemiker Justus von Liebig nach, daß die Pflanzen alles, was sie für ihr Wachstum brauchten, aus gelösten anorganischen Salzen beziehen.

So begann mit großer Begeisterung die Agrikulturchemie. Der in England erfundene Dampfpflug trug außerdem zur Verbesserung der landwirtschaftlichen Bearbeitungsmethoden bei.

Der Düngerbedarf stieg enorm an. Man

importierte Guano aus Südamerika, beispielsweise für Sachsen 1842 nur für 22,5 Taler, 1859 bereits für 272 000 Taler. Kali wurde in Mengen gefördert, und die Kunstdüngerfabriken schossen wie Pilze aus der Erde. Die Hektarerträge stiegen im 19. Jahrhundert sprunghaft an, nachdem sie ungefähr tausend Jahre fast unverändert geblieben waren. Es schien nur noch auf den Einsatz von Chemie, Technik und Sortenzüchtung anzukommen.

Und so ging man mit Begeisterung und Quantitätsgläubigkeit ins 20. Jahrhundert. Das Ergebnis kennen wir heute: Überdüngung selbst da, wo noch nie gedüngt wurde, in Flüssen, Seen, bis hin zu den Eismeeren am Süd- und Nordpol, außerdem Überschüsse von minderer Qualität, deren Lagerung teuer bezahlt werden muß.

Ausgerechnet Justus von Liebig hatte im letzten Drittel seines Lebens vor den Folgen dieser Wirtschaftsweise gewarnt. Er wendete sich gegen die Vermarktung seiner Theorie, aber schon längst hatte sie sich zu einem lohnenden Geschäft entwickelt.

Liebig studierte die Landwirtschaft der Japaner und Chinesen, die dem Boden von jeher alles zurückgaben, was sie ihm entnommen hatten, und Kompostwirtschaft betrieben.

Seine Warnung traf auf taube Ohren: »Diese (landwirtschaftliche) Kunst hat ein Ende, wenn der Landwirt, von unwissenden, unwissenschaftlichen und blödsichtigen Lehrern verleitet, alle seine Hoffnungen auf Universalmittel setzt, die es in der Natur nicht gibt, wenn er, von vorübergehenden Erfolgen geblendet, sich auf ihre Anwendung verläßt, den Boden darüber vergißt und dessen Wert und Einfluß aus den Augen verliert.«

Er wurde zum eifrigen Verfechter des biologischen Land- und Gartenbaus, aber man hörte nicht auf ihn. Ganz im Gegenteil schwieg man sein Anliegen und seine Sorge um die Zukunft der Agrarwirtschaft tot. Erst 50 Jahre nach dem Tode von Justus von Liebig unterstützte der Begründer der Anthroposophie, Rudolf Steiner, eine Reihe

von Landwirten in ihrem Bestreben, eine bodenpflegende Methode für den Land- und Gartenbau zu finden.

Acht Vorträge über »Geisteswissenschaftliche Grundlagen zum Gedeihen der Landwirtschaft« führten zur Entwicklung der biologisch-dynamischen Landwirtschaft. Die Pflege des Bodens und der Bodenorganismen durch organische und aus der Natur stammende mineralische Düngung, Spritzungen der oberirdischen Pflanzenteile mit Kräuterpräparaten, die Beachtung kosmischer Einflüsse und die Kompostbereitung brachten neue Einsichten in die Zusammenhänge von Boden, Bodenlebewesen, Pflanzen und Kosmos.

Im 2. Weltkrieg führte Mary E. Bruce in England eine gegenüber der biologisch-dynamischen Methode abgewandelte Präparatezusammenstellung für die Kompostbereitung ein, da die Nahrungsmitteleinfuhren oft ausblieben und die englischen Gartenbesitzer sich auf möglichst einfache, aber effektive Weise selbst Nahrung heranziehen mußten.

Ebenfalls ein Engländer, Sir Albert Howard, entwickelte in Indien eine besondere Art des Kompostierens, die auf die Wärmeverhältnisse in Indien abgestimmt ist. Seine indischen Versuchsgüter wurden schon damals mit selbsthergestelltem Kompost gedüngt.

Howard kompostierte in Gruben alle verfügbaren Abfälle, wie Pflanzenreste, Rinder- und Pferdemist, Urinerde, Aschen, vor allem Holzasche, und was sonst noch in der Landwirtschaft abfiel. Die Kompostgruben wurden befeuchtet und zweimal innerhalb der ersten 14 Tage und dann nochmals nach 2 Monaten umgesetzt.

Diese Methode ließ sich nur während der Sommerzeit durchführen. In der Regenzeit liefen die Gruben voll Wasser. Deshalb setzte Howard die Mieten auf das erhöhte Zwischenstück von zwei Gruben. Im Sommer schützten die Gruben das Kompostmaterial vor dem Austrocknen.

Die Benediktinerin Laurentia Dombrowski aus der Abtei Fulda ließ das Buch von Miss

Bruce übersetzen, das 1955 erschien. Sie war unermüdlich für den Land- und Gartenbau tätig, indem sie in den klostereigenen Gärten der Abtei experimentierte und biologische Methoden verbesserte. Die Kräuterzucht der Abtei Fulda erlangte bald Berühmtheit.

Der Arzt und Biologe Hans Peter Rusch erkannte nach dem 2. Weltkrieg die lebenswichtige Existenz der Bakterien in allen Lebensvorgängen.

Hatte die Entdeckung schädigender Bakterien im 19. Jahrhundert die Bakterien in Verruf gebracht, so war es das Verdienst von Rusch, die ungleich zahlreicheren nützlichen Bakterien zu erforschen.

Er wurde der biologische Berater des Schweizers Hans Müller, der sich um den biologischen Landbau in der Schweiz verdient gemacht hat. Rusch ging es im Bereich des Land- und Gartenbaus um die lebendigen Kräfte im Boden und um deren Erhaltung. Auch Justus von Liebig hatte bereits im 19. Jahrhundert auf diese Kräfte hingewiesen, und Rudolf Steiner hatte in den zwanziger Jahren dieses Jahrhunderts eine Gruppe von Landwirten und Gärtnern dazu gebracht, mit diesen Kräften zu arbeiten.

Ein bekannter Pionier auf diesem Gebiet ist in der Bundesrepublik Deutschland der Landschaftsarchitekt Alwin Seifert, der in seinen eigenen – oft für den Gartenbau ungünstig gelegenen – Gärten den naturgemäßen Weg mit Erfolg ausprobierte.

Heute beschäftigen sich viele Menschen – sowohl wissenschaftlich als auch empirisch – mit den biologischen Methoden des Land- und Gartenbaus. Wenn auch längst noch nicht alle Möglichkeiten ausgeschöpft sind, so weiß man, seit Rudolf Steiner 1924 die Anregungen für den Land- und Gartenbau gegeben hat, viel mehr über die Vorgänge im Boden, in den Pflanzen und über die Wechselwirkungen zwischen Kosmos, Bodenleben und Pflanzen als vor dieser Zeit.

Man weiß heute auch, daß die Pflanzen sich nicht nur von gelösten Mineralsalzen ernähren, sondern auch von komplizierten organischen Stoffen, und daß, wenn das Nahrungsangebot für die Pflanzen nicht durch die Bodenorganismen harmonisiert ist, die Pflanzen anfällig für Schädlinge und Krankheiten werden, daß kosmische Einflüsse bestimmte Pflanzenteile, wie Wurzeln, die Stengel-Blatt-Region, Blüten oder Früchte, fördern, und man ist auch heute bereits in der Lage, die begehrten Ton-Humus-Komplexe aus organischen Abfällen industriell herzustellen.

Dieser Wissensstand und die bereits in einer Anzahl von Garten- und landwirtschaftlichen Betrieben jahrzehntelange, erfolgreiche Praxis sollten uns Mut machen, diesen Weg voranzutreiben, damit »überhaupt das Leben der Menschen ... weitergehen könne auf Erden«, wie Rudolf Steiner in seinem landwirtschaftlichen Kursus sagte; denn er hat diesen Impuls nicht etwa gegeben, um die Landwirtschaft ein bißchen zu verbessern, sondern weil er unsere heutige Situation voraussah.

Nach dieser geschichtlichen Betrachtung sei hier noch ein Ausblick auf die wichtigsten Maßnahmen im biologischen Gartenbau zum Verständnis der zweckmäßigen Anlage eines biologischen Gartens vorausgeschickt.

Fruchtbarer Boden muß tief locker sein und Krümelstruktur besitzen, das heißt aus möglichst vielen Ton-Humus-Komplexen bestehen. Das sind kleine Klümpchen Erde, die von den verschiedensten Bodenlebewesen erzeugt werden. Sie enthalten mineralische und organische Substanzen in feinster Verteilung, die von einem schleimhaltigen Wasserfilm zusammengehalten werden, in dem auch Kolonien von nützlichen Bakterien angesiedelt sind. In den Hohlräumen befindet sich Bodenluft, deren Zusammensetzung von der oberirdischen Luft abweicht.

Mechanische Bodenbearbeitung erzeugt keineswegs die fruchtbare Krümelstruktur mit Ton-Humus-Komplexen. Sie ist vielmehr ein Dienst am Bodenleben und hilft durch Lüftung, Lockerung und Zerkleinern

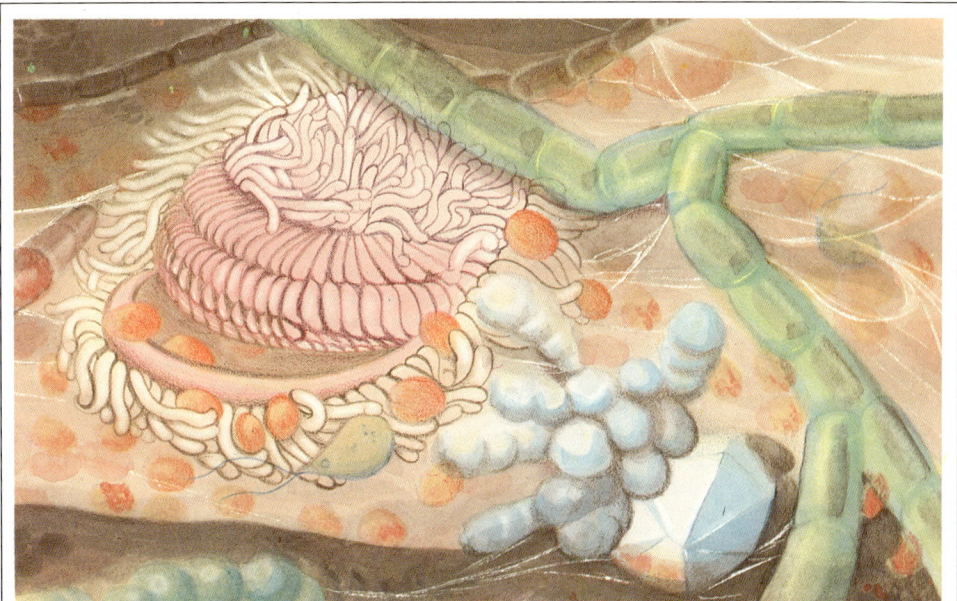

Bodenausschnitt (50 000fache Vergrößerung): Schleimhülle eines Wurzelhärchens mit eingelagerten Bakterien; rechts unten Quarzkristall, daneben Hefekolonie; von rechts unten nach oberer Mitte Grünalgenfäden; links von der Mitte Wimpertierchen, das Bakterien verschlingt; davor Schwärmspore der Grünalgen; unten links Blaualgen.

den Bodenorganismen, die Bodengare vorzubereiten.

Unter den Bodenlebewesen sind die kleinsten die Bakterien. Eine Zwischenform zwischen Bakterien und Pilzen sind die im Boden lebenden Strahlenpilze. Sie bauen den schwer abbaubaren Holzstoff Lignin und die Insektenpanzer aus Chitin ab und erzeugen unter anderen Stoffen natürliche Antibiotika. Die Pilze wiederum bauen komplizierte Stickstoff- und Kohlenstoffverbindungen ab und bauen dafür Humusstoffe und Antibiotika auf.

Algen sind die einzigen Chlorophyllbildner unter den Bodenlebewesen. Einige Blaualgen können Stickstoff aus der Luft binden. Diese Mikroflora ist auf einem Quadratmeter Erde zahlreicher als wir Menschen auf der ganzen Erde, nämlich 10 Milliarden Algen.

Auch die Bodenfauna steht dem an Zahl nicht nach. Allein die Einzeller besiedeln einen Quadratmeter guten Gartenbodens zu 1 000 Milliarden, unter ihnen Wimpertierchen, Geißel- und Wechseltierchen. Sie schwimmen in den schleimigen Feuchtigkeitszellen der Bodenkrümel.

Fadenwürmer, auch Nematoden oder Älchen genannt, leben in vielen tausend Arten im Oberboden, unter ihnen auch viele Schädlinge, die aber im gesunden Boden von Fangpilzen in vertretbaren Grenzen gehalten werden. Der Biogärtner hat ihretwegen keine Sorgen und weiß, daß Nematoden Stickstoff für die Pflanzen verfügbar machen.

Milben, Rädertierchen, Borstenwürmer, Springschwänze, Vielfüßler, Asseln, Spinnen, Käfer und Mücken sind alle tätig, um zu zerkleinern, zu fressen und Humus oder dessen Vorstufen auszuscheiden. Ihre Exkremente bilden nämlich die von den Pflanzen dringend benötigte Wachstumsgrundlage. Der Regenwurm schließlich verknetet und verwandelt die vorbereiteten mineralischen und organischen Stoffe in seinem Darm in stabile Ton-Humus-Komplexe. Sein Kot enthält siebenmal soviel Magnesium, dreimal soviel Kali und zweimal soviel Kalk wie die Erde der Umgebung. Wenn man sich überlegt, daß ein Regenwurm pro Jahr 500 g Ton-Humus-Komplexe erzeugt und daß bei einem guten Boden mit normalem Regenwurmbesatz auf den Hektar im Jahr 24 Tonnen wertvollste Saat- und Pflanzerde kommen, dann ist es doch eigentlich nicht zu verstehen, daß die Menschen den Regenwürmern und den anderen Kleinstlebewesen im Oberboden, die teilweise die Vorarbeit leisten oder andere nützliche Aufgaben bei der Aufbereitung des Bodens haben, Schaden zufügen, statt sie zu pflegen. Wären alle die Bodenlebewesen nämlich nicht, so würden die Pflanzen längst in ihren Abfällen, beispielsweise den Blättern, erstickt sein.

Dieses weisheitsvolle Wunder des Recycling im Oberboden, der unsere Erde mit 15, höchstens mit 30 cm Dicke umhüllt, ist die Grundlage unseres Lebens. An vielen Stellen der Erde haben wir diese Grundlage bereits zerstört. Die Sahara war einst die Kornkammer des römischen Reiches. Jetzt sind wir dabei, weltweit den Oberboden zu vernichten, so in Brasilien, der Sahelzone, auf jedem Acker und in jedem Garten, der unsachgemäß behandelt wird.

Die richtige Behandlung lassen wir dem Boden und damit den Bodenorganismen angedeihen, wenn der Boden tief gelockert wird, die Bodenorganismen mit organischen Düngern, organischen Abfällen und natürlichen Mineralmehlen gefüttert werden, der Boden immer bedeckt ist und Gründüngungspflanzen mit stickstoffsammelnden und tiefreichenden Wurzeln den Boden verbessern, lockern, düngen, vor Austrocknung schützen und Unkraut verdrängen. Bodenorganismen arbeiten nämlich nur in feuchtem Milieu. Im naturgemäßen Gartenbau dienen so gut wie alle Maßnahmen, die den Boden verbessern, auch der Düngung, der Pflanzengesundheit und dem Pflanzenschutz.

Die Unkrautbekämpfung erfolgt durch Bodenbedeckung mit Pflanzenresten, Untersaat größerer Pflanzen und Aussaat von Gründüngungspflanzen auf abgeernteten Flächen. Niemals darf der Boden nackt sein. Das Unkrautproblem tritt nur anfangs im biologischen Garten auf, wenn es nämlich dem Biogärtner noch nicht gelungen ist, den Gartenboden zu harmonisieren.

Gründüngung: Ölrettich und Winterwicken.

Spitzwegerich wächst auf verdichtetem Boden.

Die zahlenmäßige Überlegenheit eines bestimmten Krautes auf einer Bodenfläche ist sogar hilfreich. Es zeigt an, welche Stoffe dem Boden fehlen und welche Bodenart vorhanden ist. Unkraut ist deshalb eigentlich nicht der richtige Ausdruck für Wildkräuter. Sie müßten eher Nutzkräuter heißen. Ist der Boden erst einmal mit allen Stoffen in einem ausgewogenen Verhältnis versorgt, verschwinden diese Kräuter.

Bei guter Bodengare, einem hohen Humusgehalt also, treten nur noch bestimmte Kräuter auf, zum Beispiel die Große Brennnessel (URTICA DIOICA) und die Kleine Brennnessel (URTICA URENS), die reich an Eisen, Kieselsäure und Kalk sind, als Spurenelemente Kalium, Phosphor, Schwefel und Natrium enthalten und an Vitaminen hauptsächlich A, B und C zur Verfügung stellen können.

Deshalb ist die Brennessel auch eine der beliebtesten Grundlagen für eine gehaltvolle Düngerjauche, wie sie im biologischen Land- und Gartenbau mit Erfolg als wirkungsvoller Kopfdünger angewendet wird. Neben dieser weit verbreiteten Pflanze werden als Grundlagen für Düngerjauche auch gern der Ackerschachtelhalm (EQUISETUM ARVENSE) wegen des besonders hohen Kieselsäuregehaltes und der vielen Spurenelemente genommen und ebenso Beinwell (SYMPHYTUM OFFICINALE), von dem man einen Bastard (SYMPHYTUM X UPLANDICUM) im Garten aussät, einmal, um Beinwell als Düngung mit seinem ausgewogenen Verhältnis von Nährstoffen jederzeit zur Verfügung zu haben, andererseits, weil die tiefgehenden Beinwellwurzeln Kalireserven erschließen.

Aber auch alle anderen Kräuter eignen sich für die Jauchezubereitung. Eine Mischung aller Kräuter von einem verunkrauteten Boden als Jauche angesetzt und dann wieder auf diesen Boden ausgegossen, läßt die die Kulturpflanzen störenden Kräuter verschwinden.

Die Abwehr von Schädlingen und Pflanzenkrankheiten wird vorbeugend ebenfalls durch die Verbesserung des Bodens bewirkt, denn ein humusreicher Boden macht die darauf wachsenden Nutzpflanzen weniger anfällig.

Schädlinge werden außerdem durch die Pflege der Nützlinge in vertretbaren Grenzen gehalten. Man gewährt den Nützlingen Unterschlupf, indem man Äste und Steine in kleinen, lockeren Haufen liegen läßt, eine Wildwiese und einen Teich anlegt, für die Ohrwürmer mit Holzwolle gefüllte Blumentöpfe umgekehrt in den Obstbäumen aufhängt, und man spritzt auf keinen Fall

Bei guter Bodengare wächst die Brennessel, die auch eine gute flüssige Düngung ergibt.

Aus Beinwell kann man einen nährstoffreichen Flüssigdünger herstellen.

Basaltsäulen aus einem Basaltbruch bei Roßdorf in der Nähe von Darmstadt.

Gifte, die ja auch die Nützlinge töten und den Garten nie zu einem ausgewogenen Gleichgewicht zwischen Nützlingen und Schädlingen kommen lassen.

Nehmen die Schädlinge wirklich einmal überhand, stehen als Bio-Pflanzenschutzmittel Kräuterauszüge und natürliche Insektizide, wie das Chrysanthemengift Pyrethrum, das tropische Wurzelpräparat Rotenon, der südamerikanische Bitterholz-Wirkstoff Quassia und der Bacillus thuringiensis, als Spritzmittelaufbereitungen zur Verfügung. Sie sind für Menschen und Haustiere unschädlich. Man muß sich aber darüber im klaren sein, daß sie im unmittelbaren Bereich ihres Einsatzes auch Bodenorganismen vernichten. Frißt ein nützliches Insekt oder die Raupe eines schönen Schmetterlings ein mit einem Bacillus-thuringiensis-Präparat gespritztes Blatt, so gelangen die Sporen durch die Darmwand in den Körper des Tieres und lassen es in wenigen Tagen an einer Bakteriose zugrunde gehen.

Mit Gesteinsmehl und Korallalgenkalk eingestäubte Pflanzen und Böden trocknen etwaige Blattläuse, Kartoffelkäfer, Kohlfliegen, Lauchmotten und andere Schädlinge durch die hygroskopische Eigenschaft der gewöhnlich als Dünger eingesetzten Präparate aus.

Mit diesen biologischen, sich gegenseitig ergänzenden Maßnahmen gewinnen wir der geschädigten Umwelt ein Stück Natur zurück, in der sich Mensch und Tier wohlfühlen.

Doch schon die Planung einer Gartenanlage trägt zur Herstellung naturgemäßer Verhältnisse bei. Schon vor dem Bau eines Hauses oder der Veränderung des Bodenniveaus bei einem Gartengrundstück muß der Mutterboden nicht nur gerettet, sondern auch gepflegt und verbessert werden, bis er wieder aufgetragen werden kann. Es muß überlegt werden, wie ein Haus baubiologisch am günstigsten steht, wie der Sonnenstrahleneinfall in Haus und Garten am besten genutzt wird, wie schützende Hecken, Baum- und Buschgruppen am wirkungsvollsten gepflanzt werden, damit die sonnenhungrigen ausreichend von der Sonne beschienen werden, die schattenliebenden sonnenarme Plätze verschönern.

Es gibt viel zu planen, damit der biologische Garten Freude macht, einen möglichst großen Erholungswert hat, der Gesundheit dient und bei all diesen Forderungen möglichst wenig Arbeit macht.

Bei Heckenneupflanzungen kann man mit Zwiebelgewächsen rasch ein paar Farbtupfer schaffen.

Qualitätstests für Gemüse

Es wurde schon gesagt, welchen Beitrag Biogärtner mit der Anlage von Hecken, Teichen, Baum- und Buschgruppen und mit der naturnahen Pflege des Bodens für den Umweltschutz leisten können.

Wenn es heute auch kaum noch Gegenden gibt, in denen bei der vorliegenden allgemeinen Umweltbelastung bei sorgfältigster biologischer Anbauweise vollständig rückstandsfreie Nahrungsprodukte gezogen werden können, so haben wissenschaftliche Untersuchungen doch erwiesen, daß die Produkte aus naturnahem Anbau rückstandsärmer sind und als Rohprodukte eine längere Haltbarkeit aufweisen.

Diese Untersuchungen beziehen sich auf Art und Menge der in Obst und Gemüse enthaltenen Stoffe, wie Fette, Eiweiß, Kohlenhydrate, Spurenelemente, Vitamine, Enzyme oder essentielle Aminosäuren. Der Qualitätsbegriff wird hier von einer Summe von Quantitäten hergeleitet.

Es ist die Frage, ob dadurch beispielsweise die Zeit der Haltbarkeit eines Naturprodukts erklärbar ist. Wieder war es der Begründer der Anthroposophie, Rudolf Steiner, der neue Denkanstöße gab. Er regte 1923 an, mit einer alten Methode neuartige Versuche zu machen.

Schon der römische Schriftsteller Plinius beschreibt, wie man Verfälschungen von Grünspan mit Hilfe von imprägniertem Papier feststellen kann. Durch Jahrhunderte zieht sich das Prüfen von Papier und Stoff durch Aufsaugen von Farbstoffen. Leonardo da Vinci untersuchte mit Hilfe dieser Methode die Kapillarität.

Der deutsche Chemiker Friedlieb Ferdinand Runge (1795–1867) stellte fest, daß unterschiedliche Lösungen verschieden schnell von Filtrierpapier aufgesaugt werden. Er

Rote Bete aus biologisch-dynamischem Anbau im ganzen 1 Stunde gedämpft und durch ein Sieb gepreßt. Die Abbildung zeigt den gestiegenen Saft.

schuf die ersten Kapillarbilder, indem er verschiedene chemische Lösungen, die aufeinander reagierten, hintereinander auf Filtrierpapier tropfte. Neben dem Gewinn für Künstler, Dekorateure und Drucker, die von den entstehenden Mustern Gebrauch machen könnten, erhoffte sich Runge einen Gewinn für die Herstellung von Dokumentenpapier.

Bei der Weiterentwicklung dieser Methode wurde entdeckt, daß nicht alle Lösungen gleich weit steigen oder sich gleich weit ausbreiten. So entwickelte sich eine Arbeitsweise, die es ermöglichte, verschiedene, in Lösungen enthaltene Stoffe voneinander zu trennen.

Rudolf Steiner scheint diese Methode gekannt zu haben; aber er erkannte, daß man Filtrierpapier für einen ganz neuen Zweck verwenden könne. Die unsichtbaren Gestaltungskräfte, die in Pflanzen wirken, sollten sichtbar gemacht und dadurch ihre Bedeutung erkannt werden.

Bei den Versuchen steigt Pflanzensaft, frisch gepreßt aus der ganzen Pflanze oder aus einzelnen Pflanzenteilen, wie Wurzeln, Blättern, Blüten oder Samen, im Filtrierpapier auf. Nach dem Trocknen wird eine Metallsalzlösung nachgeschickt. Sie bricht

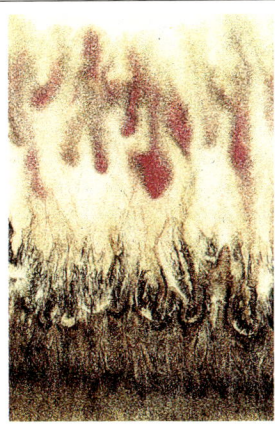

Saft wie 1. Steigbild, aber mit Silbernitratlösung (0,5%) entwickelt und mit Eisensulfat (1,0%) fixiert.

Gleiche rote Bete, aber geraspelt, im Kühlschrank 8 Tage aufbewahrt, dann den Saft ausgepreßt; von diesem Saft ein Steigbild gemacht, wie oben entwickelt und fixiert.

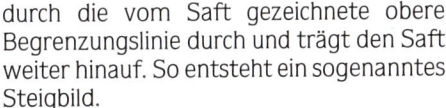

durch die vom Saft gezeichnete obere Begrenzungslinie durch und trägt den Saft weiter hinauf. So entsteht ein sogenanntes Steigbild.

Man fand heraus, daß Versuche mit dem Saft der gleichen Pflanzenart, oft sogar derselben Pflanze, die täglich zur gleichen Zeit gemacht wurden, unterschiedliche Ergebnisse lieferten.

Dabei verwendete man immer dieselbe Konzentration einer bestimmten Metallsalzlösung, machte doppelte Ausführungen, um eventuelle Fehler im Papier auszuschalten, und machte Vorversuche, die Einwirkungen von Einzelfaktoren herausfinden sollten.

Aber weder das Wetter noch die unterschiedliche Konsistenz des Pflanzensafts oder die Jahreszeiten hatten irgendeinen Einfluß auf die Ausformungen oder die Farben der Steigbilder.

Ebenfalls bedeutungslos war der Zeitpunkt der Entwicklung des Filtrierpapiers mit dem getrockneten Pflanzensaft durch die Metallsalzlösung. Dafür ergab sich, daß der Zeitpunkt des Pflückens der Pflanzen für das Steigbildergebnis bedeutungsvoll ist. Die Pflanzen behalten die Formkräfte des letzten Moments, bevor sie gepflückt oder

mit der Wurzel aus der Erde gerissen werden. Das Steigbild bleibt unverändert, solange der Pflanzensaft frisch ist. Selbst ein Saft, der monatelang gestanden hat und bereits in Gärung übergegangen ist, ergibt zwar ein leicht verändertes Steigbild, ohne aber die Merkmale des frischen Saftes zu verlieren.

Verwendet man für die Versuche Teile ein und derselben Pflanze, so ergeben sie Varianten desselben Bildes. Lediglich die Frucht spiegelt das Zeitbild nicht, das die anderen Pflanzenteile in sich tragen.

Unterscheiden lassen sich auch Steigbilder aus verschiedenen Wachstumsphasen ein und derselben Pflanze. Sehr junge Blätter erweisen sich als wenig formkräftig. Je mehr sich die Pflanze entwickelt, desto komplizierter und stärker werden die Formen der Steigbilder. Alte Pflanzen, die kurz vor dem Absterben sind, verlieren an Gestaltungskraft, wenn auch der Typus erhalten bleibt.

Interessant ist, daß Steigbilder die gleichen Formen und Farben aufweisen, wenn sie von Pflanzensäften gemacht werden, deren Ausgangspflanzen Hunderte von Kilometern voneinander entfernt wachsen, aber zur selben Zeit gepflückt werden.

Schließlich stellte sich nach unzähligen Versuchen über mehrere Jahre heraus, daß die sich in den Steigbildern manifestierenden Gestaltungskräfte der Pflanzen von der Wirkung des Mondes auf die Erde abhängen. Dabei spielen nicht nur Voll- und Neumond eine Rolle, sondern die Kombination verschiedener Faktoren, wie Vollmond oder Neumond in Erdnähe oder Erdferne. Auch die flache oder steile Mondbahn im Zusammenhang mit dem Mondknotenumlauf, Voll- und Neumond und sowohl Mondals auch Sonnenfinsternisse sind an den unterschiedlichen Formen der Steigbilder beteiligt, wobei die Sichtbarkeit der Finsternisse am Ort der Versuche bedeutungslos ist.

Angaben Rudolf Steiners zufolge wirkt das verhältnismäßig schwache Mondlicht, das ja zurückgeworfenes Sonnenlicht ist, indem es die Erde durchdringt, besonders intensiv auf die Pflanzenwurzeln, die diese Kräfte dann der ganzen Pflanze vermitteln. Hier haben wir es mit einem Qualitätstest zu tun, bei dem es nicht wie bei der Analyse um das Vorhandensein und die Menge von Inhaltsstoffen geht, sondern um eine Ergänzung der Analyse zur Feststellung von gestaltgebenden Kräften im Zusammenhang mit Erntetermine von Obst und Gemüse. Die Haltbarkeit von rohen Naturprodukten ist bei Vorhandensein von starken Gestaltungskräften wesentlich größer als bei schwachen.

Starke Gestaltungskräfte ergeben sich bei Voll- und Neumond im Winter und Sommer in den Jahren der flachen Mondbahn am Ende der ersten Hälfte des Mondknotenumlaufs, bei Vollmond in Erdferne (Apogäum = Ag), bei Neumond in Erdnähe (Perigäum = Pg) und während der Mitte von ringförmigen Sonnenfinsternissen.

Im Verlauf von Mond- und totalen Sonnenfinsternissen sind die Gestaltungskräfte dagegen besonders schwach. Außerdem lassen die Gestaltungskräfte bei absterbenden und länger gelagerten Pflanzen nach. Interessant ist für den Gärtner vor allem, daß Pflanzen bei der Ernte reif, aber nicht überaltert sein sollen. Unreife Früchte und junge Gemüse haben noch geringe Gestaltungskräfte. Auch die Tatsache, daß länger gelagertes Obst und Gemüse an Gestaltungskraft verliert, ist beachtenswert.

Wenn man bedenkt, daß die im Handel angebotenen Früchte vorwiegend unreif geerntet werden und Früchte wie Gemüse nie frisch sind, es sei denn, es handelt sich um Beerenobst aus der näheren Umgebung der Verkaufsstelle, dann ist der Vorteil eines eigenen Gartens klar zu erkennen.

Ebenfalls in anthroposophischen Forschungszentren entwickelt wurde die Kupferchlorid-Kristallisations-Methode. Hierbei wird von einem Flüssigkeitsgemisch eines Pflanzenauszugs mit der Salzlösung ausgegangen. Während des Verdunstungsvorgangs in der Klimakammer entstehen einerseits der physikalische Substanzstrom der Kupferchloridlösung, zum anderen der organische Substanzstrom des Pflanzenauszugs. Bei der Austrocknung ergeben sich schlierenartige Verdichtungen, in die allmählich kristallisierende Nadeläste hineinwachsen.

Aus der Feinheit, Regelmäßigkeit, Größe, Ordnung, Form und Transparenz der Nadeln kann man auf die Gestaltungskraft der Pflanze schließen, von der der Auszug gemacht wurde. Auch die Auszüge von einzelnen Pflanzenteilen, wie Wurzeln oder Blüten, zeigen bei der Kupferchlorid-Kristallisations-Methode typische Bilder.

Wie bei der Steigbildmethode zeigt sich auch hier die weniger ausgeprägte Gestaltungskraft bei unreifen Naturprodukten gegenüber reifen und die abnehmende Gestaltungskraft bei gealterten Produkten. Auch die Wirkung auf die Ernte bei Tag und Nacht hat man ermittelt. Die Gestaltungskräfte sind bei nächtlicher Ernte schwächer als bei Tagesernten.

Das Wetter beeinträchtigt die Ausbildung der Kristallisation ebenfalls: Sonniges Wetter mit einer ausreichenden Regenmenge ist optimal; kühles, regnerisches Wetter beeinträchtigt auch die Gestaltungskräfte. Das Licht spielt ebenfalls eine Rolle: In son-

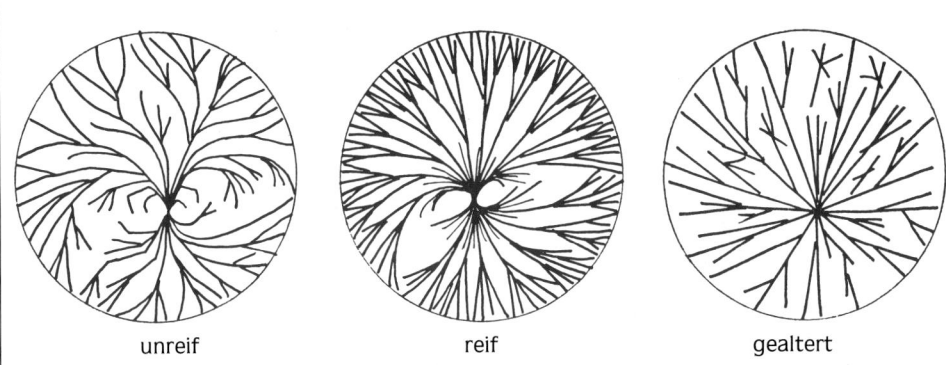

unreif   reif   gealtert

Kristallisationsbilder roter Bete als schematische Darstellungen in verschiedenen Stadien.

Aus: Magda Engquist: Physische und lebensbildende
Kräfte in der Pflanze; Vittorio Klostermann, Frankfurt am Main.

niger Lage sind die Gestaltungskräfte der Pflanzen größer, je weniger Sonnenbestrahlung, desto weniger Gestaltungskräfte.

Besonders interessant für den Bio-Gärtner sind die Versuche, bei denen Kulturpflanzen unter vergleichbaren Bedingungen einmal mit biologisch-dynamischer Düngung, daneben mit herkömmlicher Mineralsalzdüngung herangezogen wurden. Es stellte sich heraus, daß die Auszüge von biologisch-dynamisch gedüngten Pflanzen feinere und gleichmäßigere Strukturen aufweisen und demzufolge stärkere Gestaltungskräfte haben. Außerdem altern biologisch-dynamisch gedüngte Pflanzen langsamer als die mineralsalzgedüngten.

Die Gestaltungskräfte spielen beim Aufbau und bei der Erhaltung eines jeden lebendigen Organismus eine wesentliche Rolle. Sie sind bei der Nahrung mit den analytisch feststellbaren Stoffen eng verbunden und werden während der Zerstörung der Stoffe beim Verdauungsvorgang freigesetzt.

Die Verdauung führt nämlich zur restlosen Zerstörung der Stoffe. Die Darmwände sind nicht für Mohrrüben, Kohl und Salat durchlässig, um den physischen Körper zu ernähren, sondern nur für feinste Substanzen in wäßriger Lösung, die gestaltlos sind. Die frei werdenden Gestaltungskräfte gehen aber nicht verloren. Die bekannte Unterernährung, die Magersucht junger Mädchen, sind sie nicht vielleicht die Folge fehlender gestaltgebender Kräfte in unserer Nahrung? Diese frei werdenden Kräfte braucht der Körper nämlich, um die eigene Substanz aufzubauen, die Organe in Funktion zu halten und sie zu erneuern. Es kann deshalb nicht gleichgültig sein, ob unsere Nahrungsmittel einen hohen oder niedrigen Belebungsgrad haben.

Wie wirken sich in diesem Zusammenhang lange Lagerung, künstliche Nachreifung und Konservierung durch Tiefkühlung aus? Auch letzteres hat sich bei der Kupferchlorid-Kristallisation als Kräfteverlust erwiesen.

Man kann es sich selbst als Laie denken, daß die gestaltgebenden Kraftreserven bei Tiefkühlkost erschöpft sein müssen, tritt doch nach dem Auftauen für jeden sichtbar ein rascher Substanzverfall ein.

Die Trocknung von Obst und Blattgemüse dagegen stellte sich bei Versuchen mit der Kupferchlorid-Kristallisation als geeignete Methode heraus. Die gestaltgebenden Kräfte sind noch nach anderthalbjähriger Lagerung von getrockneten Naturprodukten nachweisbar. Die Wirkung von Kräutertees bezeugt ja auch, daß die Trocknung eine geeignete Methode ist.

Vorsorge für den Boden

Wer ein Stück Land in einen Garten verwandeln will, hat die besten Voraussetzungen, einen biologischen Garten zu schaffen. Er kann von Anfang an sinnvoll planen und alles berücksichtigen, was den Garten zu einem harmonischen Organismus macht.

Ob der Garten klein oder groß ist, in jedem Falle muß man sich zuerst um den Boden kümmern. Wird auf demselben Grundstück ein Haus gebaut, das von einem biologischen Garten umrahmt sein soll, dann ist es besonders wichtig, den Oberboden zu retten. Denn schwere Baufahrzeuge, die – möglichst noch bei Nässe – auf dem Gelände herumfahren, sind das beste Mittel, einen Boden restlos zu zerstören und es dem Gartenbesitzer so schwer wie möglich zu machen, den Boden bei der Anlage des Gartens nach dem Bau des Hauses wieder zu lockern. Meist bildet sich eine so verhärtete Schicht, daß gar nicht daran zu denken ist, einen Spaten, eine Grabegabel oder einen Sauzahn (SZ-Wühler) auch nur einige Zentimeter tief in den Boden zu bekommen. Dann hat man nicht nur große Mühe, den Boden tief zu lockern, sondern auch das ganze Bodenleben ist zerstört.

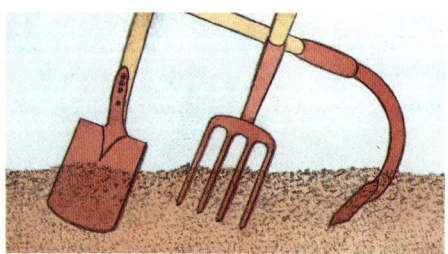

Tieflockerung des Bodens bei normalen Bodenverhältnissen.

Wer von Anfang an Freude an seinem Gartenboden haben will, der rettet vor Beginn irgendwelcher Arbeiten auf dem Gelände den Oberboden samt der Pflanzendecke, soweit sie aus Gras und Wildkräutern besteht. Wenn dabei etwas Unterboden mitgeht, ist das sogar von Vorteil.

Man erkennt die Oberbodenschicht an der dunklen Farbe. Diese dünne Schicht enthält organische Stoffe neben den mineralischen und die begehrten Ton-Humus-Komplexe. Sie ist von zahllosen Bodenlebewesen besiedelt.

Ob nun der Bau eines Hauses ansteht oder das Gartenniveau verändert werden soll, in jedem Fall läßt man etwa 25 cm Oberboden mit einem Bagger in eine Ecke schieben, die von dem ganzen Baubetrieb möglichst unberührt bleibt.

Bodenuntersuchungen

Entweder vor dieser Arbeit oder von dem entstandenen Erdhaufen entnimmt man Proben für Bodenuntersuchungen.

Hat man Zeit, die Proben vorher zu entnehmen, dann macht man Spatenstiche gleichmäßig verteilt über das ganze Gelände. Auf 100 m² Fläche rechnet man mit 10 Einstichen. Nach dem Ausheben nimmt man von der ganzen Länge des Spatenstichs mit einem großen Löffel eine Teilprobe. Alle Teilproben werden in einem Gefäß gesammelt.

Ist der Oberboden bereits zusammengeschoben, entnimmt man dem Erdhügel an möglichst vielen Stellen Bodenproben. An der Bodenfarbe läßt sich erkennen, ob der Boden von gleichmäßiger Qualität ist oder ob es unterschiedliche Bodenverhältnisse gibt. Zumindest ein größeres Gelände kann beträchtliche Unterschiede aufweisen. Ist vielleicht noch eine Hanglage vorhanden, kann schon der Niveauunterschied andere Bodenverhältnisse bedingen.

Die entnommenen Bodenproben mischt man in dem Gefäß – meist wohl einem Eimer – gut durch. Nun kann man selbst die verschiedensten Bodenuntersuchungen anstellen.

Bodenarten

Bei grober Einteilung haben wir es auf der ganzen Erdkugel mit vier Bodenarten zu tun. Es gibt diese Böden zwar fast nie rein, es sei denn, wir sind in einer Wüste, wo es reinen Sandboden gibt, oder wir befinden uns in einem Moor, dessen Boden nur aus abgestorbenen Pflanzenteilen besteht, die durch Wasser von der Luft abgeschlossen waren und daher nicht verrotten konnten. Der normale Oberboden in Mitteleuropa besteht meist aus einer Mischung der verschiedenen Bodentypen. Je gemischter der Boden ist, desto vorteilhafter für die Pflanzen, die einmal auf dem Gartenboden wachsen sollen. Der Quarzanteil des Sandes erwärmt den Boden schnell, was vor allem im Frühjahr für die Saat günstig ist. Ton ist reich an Nährstoffen, Lehm kann einen hohen Humusanteil haben und Moorboden eine hervorragende Wasserhaltefähigkeit. Wir müssen versuchen, diese Vorteile in unserem Kulturboden zu vereinen, aber leider ist der Boden nur selten in optimalem Zustand, wenn man ein Stück Land erwirbt. Meist überwiegt eine Bodenart, so daß ein möglichst umfassender Ausgleich geschaffen werden muß.

Sand

Dieses lockere, sehr durchlässige Trümmergestein aus unverkitteten Mineralkörnchen besteht hauptsächlich aus Quarz. Sand als Endprodukt der Gesteinsverwitterung kann daneben auch aus Kalkspat oder Feldspat bestehen. Man unterscheidet verschiedene Korngrößen:

Feinsand	0,06 – 0,2 mm
Mittelsand	0,2 – 0,6 mm
Grobsand	0,6 – 2,0 mm

Quarz, kristallisiertes, wasserfreies Siliciumdioxid, bildet in freiem Wachstum sechsseitige Prismen mit aufgesetzten, gleichmäßigen Pyramiden. Er ist farblos bis graubräunlich und uns als Modifikation in Form von Halbedelsteinen bekannt, beispielsweise als glasklarer Bergkristall, rosafarbener Rosenquarz oder violetter Amethyst.

Quarz ist weder von Salzsäure angreifbar noch von Stahl ritzbar. Seine Härte macht verständlich, daß die neben-, über- und untereinanderliegenden Quarzteilchen nicht miteinander verkleben, sondern unzählige Hohlräume bilden, durch die Wasser ungehindert hindurchrinnt und gelöste Nährstoffe mitnimmt. Daher ist Sand nährstoffarm und trocknet auch leicht ab.

Nur anspruchslose (wie Kiefern oder Heide) und kalkmeidende Pflanzen (wie die gelbe Lupine) gedeihen auf Sandböden.

Seine hervorstechenden Eigenschaften sind Durchlässigkeit und schnelle Erwärmung. Der Quarz fängt wie eine Glasscheibe die einfallenden Sonnenstrahlen ein. Die Luft in den unzähligen Zwischenräumen wird dadurch erwärmt, gewissermaßen ein Treibhauseffekt.

Eine Beimischung von Sand ist deshalb durchaus im Kulturboden erwünscht. Vor allem für frühe Kulturen im Frühjahr wird er gebraucht, weil der Boden schnell abtrocknet und sich gleichzeitig rasch erwärmt. Aus diesem Grund wird er auch Anzuchterden beigemischt.

Sandböden kommen entweder rein oder mit einem mehr oder weniger großen Tonanteil gemischt vor.

Tonböden

Ton ist ein weit verbreitetes Verwitterungsprodukt, ein Gemisch von verschiedenen Mineralteilchen, wie Kaolinit, Illit und Montmorillonit. Mit Wasser vermischt, quellen diese Bestandteile um das Mehrfache ihres Trockenvolumens auf und wirken gesättigt wasserstauend. Feucht ist Ton formbar und deshalb auch der Rohstoff der keramischen Industrie.

Tonböden haben meist reichlich Nährstoffe, sind aber wenig durchlässig und erwärmen sich nur langsam. Bei Trockenheit wird Ton sehr hart und reißt. Böden mit hohem Tonanteil lassen sich schwer bearbeiten.

Neben Kaolinit, Montmorillonit und Illit sind Tonböden als Verwitterungsrückstände Quarz, Feldspat und Glimmer beigemengt und oft auch organische Substanzen. Zusammen mit Sand ergibt Ton Lehm, mit Kalk vermischt Mergel.

Lehmböden

Je nach dem Anteil von Sand und Ton sind Lehmböden mehr oder weniger schwer zu bearbeiten. Ihr Humusanteil ist gut. Daher und wegen ihrer Wasser-, Luft- und Wärmespeicherfähigkeit sind sie fruchtbar.

Moorböden

Nach der letzten Eiszeit entstanden aus verlandenden Seen Niedermoore. Die in die Seen hineinwachsenden Uferpflanzen waren durch das Wasser von der Luft abgeschlossen und konnten deshalb nicht normal verrotten. Sie bildeten als Schwarztorf die Grundlage für die Hochmoore, auf deren Flächen seit Tausenden von Jahren anspruchslose Pflänzchen, die Torfmoose (Sphagnum), wachsen und alle anderen Pflanzen verdrängen. In ihren abgestorbenen Zellen können Torfmoose das Dreißigfache ihres Eigengewichts an Wasser speichern. Sie wachsen übereinander, sind nur an der Oberfläche grün und bilden jedes Jahr eine neue Schicht von etwa 1 cm.

Man muß zwischen Hochmoor- und Niedermoorböden unterscheiden. Hochmoor-

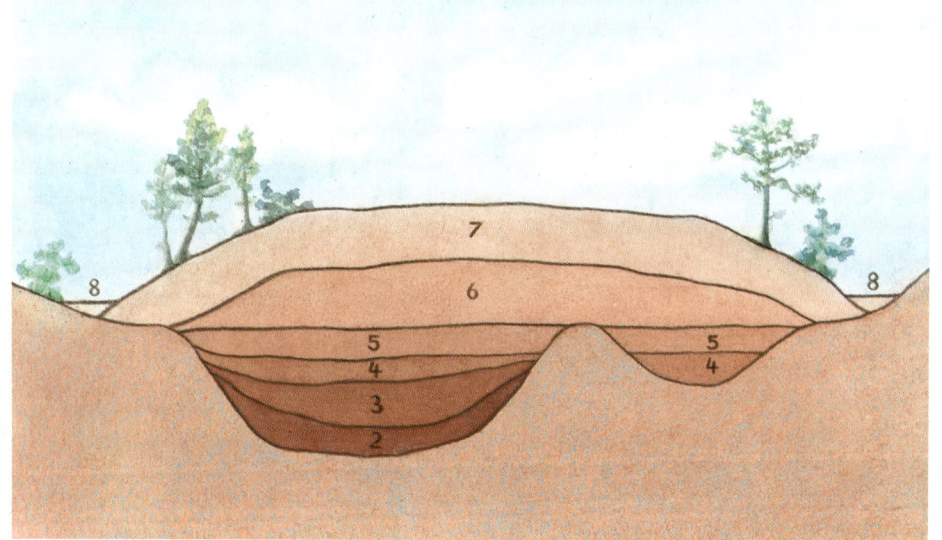

Schematische Zeichnung eines Hochmoors über Flachmoorablagerungen:
Bei der Verlandung eines Sees sind über dem mineralischen Untergrund (1) und über den Faulschlammablagerungen (2) durch zu Kohle gewordenes Schilf und Seggen Schilftorf (3) und Seggentorf (4) entstanden; darüber bildete sich durch Versumpfung eines Waldes eine Schicht Waldtorf (5).
Über diesen Flachmoorablagerungen entstand bei reichlichen Niederschlägen das Hochmoor: stark zersetzter Sphagnumtorf (6) und schließlich schwach zersetzter Sphagnumtorf (7), dessen Ränder abfallen, deshalb schneller trocknen und bewaldet sind und schließlich in einen Randsumpf (8) übergehen, in dem sich das Wasser der gesamten Umgebung sammelt.

| Sandboden | tonhaltiger Lehm | humoser Boden |

boden ist nährstoffarm und reagiert sauer. Er ist das, was wir als Torf in Ballen kaufen. Niedermoorboden dagegen ist kalkhaltig und neutral bis schwach alkalisch.

Es gibt eine einfache Methode, die Bodenart festzustellen. Eine Handvoll der gemischten Bodenprobe wird dazu in ein Marmeladen- oder Obstglas getan und bis zu ¾ Höhe mit Wasser aufgefüllt. Nach gründlichem Umrühren läßt man das Glas stehen. Nach einiger Zeit sinken die Bodenbestandteile mehr oder weniger zu Boden. Sand sinkt zu Boden und hinterläßt im oberen Teil des Gefäßes fast klares Wasser. Bei Lehmboden bleibt das Wasser trüb und erdig; nur ein Teil der festen Bestandteile sinkt auf den Grund.

Bei humosem Boden färbt sich das Wasser erdbraun, ist aber durchsichtig; ein Teil der Erde sinkt als brauner Satz ab, während die leichteren organischen, dunkelbraunen Substanzen an der Oberfläche schwimmen. Auch der Unterboden kann auf diese einfache Weise geprüft werden. Das sollte man am besten erst dann machen, wenn der Garten angelegt wird, der Hausbau beendet ist und mit dem Bagger alle Niveauveränderungen vorgenommen worden sind.

Der einfachste Versuch, die Bodenart zu erkennen, ist eine Prüfung mit den Händen. Wie ist das Wasser- und Nährstoffspeichervermögen des Bodens?

Auch das Wasser- und Nährstoffspeichervermögen eines Gartenbodens läßt sich überprüfen. Für diesen Versuch braucht man 3 leere Konservendosen ohne Deckel. In den Boden der Dosen werden mit Hammer und Nagel einige kleine Löcher geschlagen. Dann wird eine Dose mit gemischtem Torf, die zweite mit Sand und die dritte mit der gemischten Gartenbodenprobe gefüllt. Wichtig ist, daß die Dosen mit Inhalt alle das gleiche Gewicht haben. Dann stellt man die Dosen für 1 Stunde bis zum oberen Rand in Wasser. Durch die Löcher in den Dosenböden steigt das Wasser in den Bodenproben hoch.

Nach einer Stunde nimmt man die Dosen aus dem Wasser, läßt sie abtropfen und wiegt sie.

Wenn von feuchtem Torf ausgegangen wurde, ist die Torfdose nach dem Versuch am schwersten. Der Torf muß aber vorher unbedingt feucht gewesen sein, denn einmal ausgetrockneter Torf nimmt so gut wie gar kein Wasser mehr auf. Man kann sich bei durchgetrocknetem Torf jedoch helfen, indem man ihn mit Alginure-Torf-Benetzungsmittel anfeuchtet. Torf wird dadurch wieder wasseraufnahmefähig.

Die Sanddose ist am leichtesten, denn das in der Dose aufgestiegene Wasser läuft sofort nach der Entnahme der Dose aus dem Wasser wieder ab.

Das Gewicht der Gartenbodenprobe liegt zwischen dem der Torf- und der Sanddose. Je mehr es dem der Torfdose zuneigt, desto besser kann der Gartenboden Wasser und darin gelöste Nährstoffe halten.

Wieviel Humus enthält der Boden?

Der Humusanteil im Gartenboden läßt sich ebenfalls ganz einfach ermitteln. Man füllt eine leere Dose mit der gemischten Bodenprobe halb voll. Anschließend wird die Dose gewogen.

Den Humusanteil muß man nun von den erdigen Teilen trennen, indem man die Dose mit der Gartenbodenprobe ausglüht. Zurück bleiben die erdigen Bestandteile, alle organischen sind verbrannt. Je weniger die Dose bei der Kontrolle nach dem Ausglühen wiegt, desto größer war der organische Anteil.

pH-Wert

Der ph-Wert des Bodens und Regenwassers

Für das Gedeihen der Pflanzen ist auch der pH-Wert (ph = Abkürzung von potentia hydrogenii = Wasserstoffstärke) des Bodens maßgebend, also der Säuregehalt des Bodens.

Die Bewertungsskala für den pH-Wert reicht von 0 (extrem sauer) bis 14; diese Zahl stellt den alkalischsten Wert dar. Der neutrale Wert ist 7, der Neutralbereich liegt zwischen 6,4 und 7,3. Die meisten Gemüsepflanzen, Obstarten und Zierpflanzen bevorzugen diese pH-Werte.

Eine Ausnahme bilden die Moorbeetpflanzen und solche Pflanzen, die Sandboden bevorzugen; zu ersteren gehören Azaleen und Rhododendren; zu letzteren Erika, Heidelbeeren, Hortensien, Nadelhölzer und Kartoffeln.

Zum Vergleich einige pH-Werte:	
	ph-Wert
Salzsäure	0
Magensalzsäure	0,9 – 1,5
Salatessig	3,1
Sauermilch	4,4
reines Regenwasser	5,8 – 7,0
Blut	7,4
Darmsaft	8,3
Natronlauge	14,0

Die verschiedenen Bodenarten haben ihre bestimmten pH-Werte:	
Bodenart	Bodenreaktion
Moorboden	sauer bis schwach sauer
sandige Böden je nach Zusammensetzung	sauer bis schwach sauer
humoser Lehm tonhaltige Böden	bei 6,5 neutral bis schwach alkalisch

Sand rieselt durch die Finger, wenn man ihn in die Hand nimmt.

Auch lehmiger Sand bindet nicht.

Selbst stark sandiger Lehm läßt sich noch nicht zu einer dünnen Rolle ausrollen, er ist aber knetbar.

Reiner, mit Wasser vermischter Ton ist weich wie Butter, läßt sich leicht kneten und glänzt an der Oberfläche.

Lehmiger Ton verhält sich genauso, knirscht durch seinen geringen Sandanteil jedoch zwischen den Zähnen.

Lehm läßt sich ebenfalls kneten, zeigt aber eine stumpfe Oberfläche.

Humoser Lehm hält locker zusammen und krümelt, wenn man ihn zwischen den Fingern zerdrückt.

Durch den heute fallenden sauren Regen wird der pH-Wert des Bodens in den sauren Bereich verschoben. Das Bundesumweltamt hat bei Messungen vom Oktober 1979 bis Ende September 1980 einen bundesweiten Mittelwert von 3,97 herausgefunden. Im Bayerischen Wald sind 1981 Werte von 3,4 gemessen worden.

Man kann den Boden auf seinen pH-Wert überprüfen. Von verschiedenen Firmen werden pH-Test-Sets angeboten. Sie enthalten Farbteststäbchen, die sich nach kurzem Eintauchen in eine mit destilliertem Wasser vermischte Bodenprobe verfärben. Anhand einer beigefügten Farbskala kann der pH-Wert abgelesen werden.

Es gibt auch Universal-Indikatorpapier, das genauso benutzt wird. Außerdem werden einfache pH-Wert-Meßgeräte angeboten, die man in den feuchten Gartenboden steckt. Sie zeigen den pH-Wert im Bereich von 4 bis 10 an.

Der pH-Wert ist vom Kalkgehalt des Bodens abhängig. Deshalb läßt sich auch ein einfaches Verfahren durchführen, bei dem 15%ige Salzsäure auf einen dicken Brei aus Gartenboden und destilliertem Wasser getropft wird.

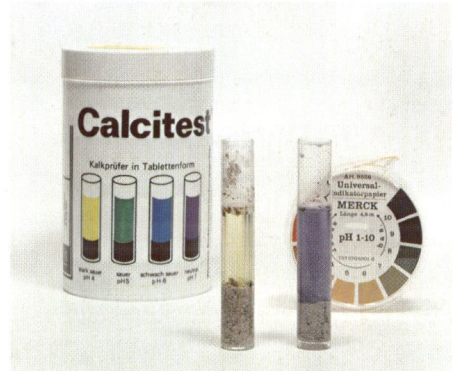

2 pH-Wert-Ergebnisse, ermittelt mit dem Kalkprüfer: links Gelbfärbung = stark sauer, rechts Violettfärbung = neutral.
Das abgebildete Indikatorpapier eignet sich mehr für die pH-Wert-Bestimmung von Flüssigkeiten wie Wasser, Pflanzenjauchen oder -brühen.

Ein kräftiges, anhaltendes Aufschäumen der Bodenprobe bedeutet 5% freien, kohlensauren Kalk im Boden, schwaches Aufbrausen 1–3% Kalk, bei gar keiner Reaktion fehlt Kalk gänzlich; der Gartenboden ist sauer. Bei diesem Verfahren muß man sich allerdings mit Schätzwerten begnügen. Bleibt Salzsäure übrig, muß sie vor Kindern gut verschlossen aufbewahrt werden, damit sich niemand vergiftet.

Ausgleich mit Kalk und Torf

Der pH-Wert läßt sich mit Kalk und Torf ausgleichen. Das soll aber keine Beruhigung sein in dem Sinne, daß der Boden mit diesen beiden Mitteln rasch den gewünschten pH-Wert erreicht, denn mit Kalk muß man sehr vorsichtig umgehen. Zuviel Kalk im Boden bindet Eisen. Dadurch entsteht bei den Pflanzen Chlorose, bei der die Blätter vergilben.

Sandige Böden haben öfter Kalkmangel, trotzdem müssen sie sehr behutsam aufgekalkt werden, weil sie nicht viel Kalk auf einmal vertragen.

Lehmige, tonhaltige Böden sind meist gut mit Kalk versorgt. Sollten sie doch einmal an Kalkmangel leiden, dann kann man mit etwas Branntkalk, der aus gebranntem Kalkstein besteht, abhelfen. Branntkalk kann auch noch im Frühjahr 14 Tage vor der Aussaat in den Boden eingearbeitet werden, während jeder andere Kalk langsam wirkt und deshalb im Herbst locker in die Oberschicht des Bodens eingebracht werden sollte.

Außer Branntkalk werden Kalkmergel, kohlensaurer Magnesiumkalk und Korallalgenkalk angeboten.

Letzterer ist empfehlenswert, denn er enthält neben 80% kohlensaurem Kalk 10% Magnesium, Spurenelemente und Mikroben, ist also nicht einseitig und wird von den mitgelieferten Mikroorganismen schnell erschlossen.

Korallalgenkalk wird aus den Kalkgerüsten von Rotalgen an der französischen Atlantikküste gewonnen.

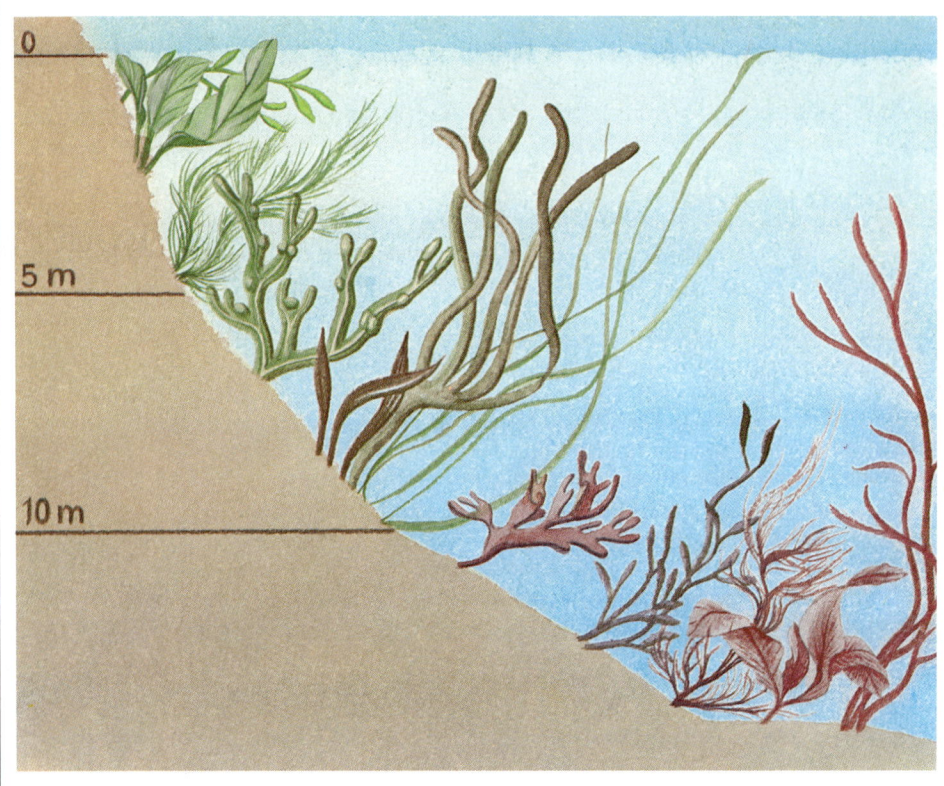

Meeresalgen – wertvolle Dünger aus dem Meer: bis 5 m Tiefe wachsen Grünalgen, von 5 bis 10 m Tiefe Braunalgen, darunter Rotalgen.

Ein Boden, der übermäßig mit Kalk versorgt wurde, ist schwer aus dem alkalischen Bereich herauszubekommen. Da nur wenige Kulturpflanzen alkalischen Boden bevorzugen, ist es nicht ratsam, übermäßig zu kalken. Selbst der Kompost sollte für jede aufgesetzte Schicht nur eine Überpuderung mit Kalk erfahren. Kompost ist aber für die Aufkalkung eines Bodens am geeignetsten. Ausführliche Beschreibungen der verschiedenen Kompostbereitungen sind in dem Buch dieser Serie »So wird mein Garten zum Biogarten« zu finden.

An der Aufstellung sieht man, daß Leguminosen einen neutralen Boden bevorzugen. Diese stickstoffsammelnden Pflanzen sind nur in schwach saurem bis neutralem Boden in der Lage, Knöllchen auszubilden, in denen von Bakterien Stickstoff gebunden wird.

Der pH-Wert sagt übrigens nichts über den Kalkvorrat im Boden aus, sondern nur über den für die Pflanzen zur Versuchszeit verfügbaren Kalk.

Neben den verschiedenen Kalkdüngern enthalten auch Basaltmehle einen Anteil Kalk, so daß für den naturgemäß behandelten Gartenboden meist eine Gabe Basaltmehl ausreicht, um den richtigen pH-Wert zu halten. Beim Anlegen eines Biogartens muß man sich allerdings nach den ermittelten Werten richten.

Einen überkalkten Boden wieder in Ordnung zu bringen, ist nicht einfach, selbst in unserer schadstoffbeladenen Zeit, in der saurer Regen vom Himmel fällt.

Pflanzen, die leicht alkalische oder neutrale Böden bevorzugen:

Kulturpflanzen	pH-Wert
Blumen	
Geranien, Pelargonien	7,5
Petunien	7,5
Primeln	7,5
Vergißmeinnicht	7,5
Wicken	7,5
Gründüngung	
Esparsette	8,0
Futtererbse	7,5
Gelbklee	7,0
Ölrettich	7,5
Perserklee	7,0
Sommerwicken	7,0
Weißer Steinklee	7,0
Winterraps	8,0
Obstbäume	
Pflaume	7,5

Das einzige Mittel, überkalktem Boden wieder normale pH-Werte zu geben, ist Torf. Aber leider ist er kein Allheilmittel. Abgesehen davon, daß die wenigen uns noch verbliebenen Hochmoore, in denen der handelsübliche Torf abgebaut wird, als Feuchtgebiete zum Schutz von aussterbenden Pflanzen und Tieren, aber auch zur Erhaltung des vielerorts bedenklich gesunkenen Grundwasserspiegels erhalten bleiben sollten, ist es ein weitverbreitetes Märchen, daß Torf den Boden verbessert. Torf führt zur allmählichen Versauerung des Bodens. Das ist nur den Moorbeetpflanzen zuträglich. Die anderen Pflanzen reagieren mit Schädlingsbefall und Pflanzenkrankheiten, deren Ursachen man meist gar nicht im Torf vermutet. Torf kann den Boden nicht düngen, denn sein Nährstoffgehalt ist gering. In Sandboden zersetzt er sich schnell und wird ausgeschwämmt, in Lehmboden kann er wegen unzureichender Luftzufuhr nicht verrotten. Deshalb verkohlt er.

Auch das angeblich so große Wasserhaltevermögen des Torfs ist eine schöne, aber unzutreffende Legende. Torf wird feucht in die Kunststoffsäcke gefüllt; solange diese verschlossen sind, ist alles in Ordnung. Sobald solch ein Torfsack aber geöffnet wird und dann halbvoll liegen bleibt, trocknet der Torf aus. Einmal trocken, nimmt Torf kein Wasser mehr auf. Das trifft auch für den Torf zu, der auf dem Oberboden liegt oder flach eingearbeitet wird. Kann der Boden nicht ständig feucht gehalten werden, rinnt das Wasser an dem trocken gewordenen Torf ab.

Torfkompost

Deshalb darf Torf niemals so, wie er aus dem Sack entnommen wird, dem Gartenboden zugefügt werden. Man kann allerdings einen Spezialkompost für Moorbeetpflanzen oder überkalkten Boden aus ihm machen.

Dazu breitet man einen Ballen Torf aus, zerfasert ihn mit einer Harke (einem Rechen) sehr gründlich und feuchtet ihn gut durch. Ein Torfballen nimmt etwa 250–300 l Wasser auf.

Sollte der Torf, obwohl er im verschlossenen Kunststoffsack bis zur Entnahme aufbewahrt wurde, doch einmal trocken sein, kann man dem Wasser Alginure-Torf-Benetzungsmittel zusetzen, das den Torf wieder wasseraufnahmefähig macht.

Dem feuchten Torf werden 10 kg Steinmehl, 20 kg getrockneter Rinderdung, anderer Mist oder Horn-, Blut- und Knochenmehl zugesetzt. Dazu kommen einige Schaufeln Kompost, der noch nicht restlos ausgereift sein muß, und außerdem gibt man einen Kompostbeschleuniger dazu. Die Zutaten werden gründlich mit dem feuchten Torf vermischt und zu einem Hügel aufgehäuft. Zuletzt übergießt man mit abgestandenem Wasser, dem man etwas Baldrianblütenextrakt beigemischt hat.

Baldrianblütenextrakt fördert das Bodenleben; besonders Regenwürmer werden angelockt, die maßgebend an der Humus-herstellung im Kompost beteiligt sind.

Der aufgesetzte Haufen wird mit einer Schicht Gartenerde und darüber mit Rasen-schnitt, Rohrmatten, Herbstlaub oder einer sparsam gelochten schwarzen Folie aus Polyäthylen abgedeckt, wie man sie im Handel zum Abdecken eines Gemüsebeets erwerben kann.

Nach 3 Wochen muß dieser sehr einseitig beschickte Torfkompost umgesetzt wer-den. Dabei mischt man ihn nochmals mit Kompostbeschleuniger und erhält dann nach etwa 3 Monaten die fertige Torfkom-posterde.

Laubkompost

Zur Umstimmung eines überkalkten Bodens oder für Moorbeetpflanzen läßt sich aber Herbstlaub umweltschonender verwenden. Es wird in 25 cm hohen Schich-ten mit der Grabegabel aufgesetzt. Jede Schicht wird mit einem tierischen Dünger, Steinmehl und einem Kompostbeschleuni-ger bestreut und zuletzt ebenso behandelt wie der aufgesetzte Torf.

Bei der Anlage eines Biogartens hat man auf seinem Gartengelände noch kein Her-bstlaub zur Verfügung, aber in vielen einge-wachsenen Gärten gibt es überreichlich davon. Viele Gartenbesitzer wissen mit dem Laub nichts anzufangen oder haben keine Zeit, es zu verarbeiten, und sind froh, wenn sie es loswerden. Da lohnt es sich, mit Nachbarn und Bekannten Kontakt auf-zunehmen.

Dauerhafte Ton-Humus-Komplexe

Es gibt eine Möglichkeit, alle Sorgen wegen des pH-Wertes und der Schadstoffe, die man auf seinem neu anzulegenden Garten-gelände vorfindet, außer acht zu lassen.

Seit einigen Jahren gibt es Alginure-Granu-lat. Es wird aus braunem Seetang her-gestellt und bürgt bei Einarbeitung in den Boden für eine rasche Regeneration des Bodens, für den Zeitraum von mindestens 4 Jahren für eine gute Bodenstruktur, für hervorragende Wasser- und Nährstoffspei-cherung, die Pufferung im Boden enthalte-

Herbstblätter für den Laubkompost.

Wasserhaushalt bei der Pflanze und Verdunstung über Blatt und Boden: a) Aufnahme von Bodenfeuchtigkeit durch Haarwurzeln und Aufstieg im Pflanzenstengel; b) Querschnitt durch ein Blatt mit Spaltöffnungen an der Blattunterseite, aus denen Wasser verdunstet.

ner Schadstoffe und gesteigerte Aktivität aller Vorgänge im Boden.

Bei anschließender Pflege des Bodens durch Kompostwirtschaft, Bodenbedeckung und Gründüngung ist eine jahrelange Fruchtbarkeit des Bodens gewährleistet.

Alginure ersetzt nicht die Zurückführung aller dem Gartenboden entnommenen Substanzen, aber es stabilisiert die entstehenden Huminstoffe und steigert dadurch die Fruchtbarkeit.

Dabei ist Alginure in seinen verschiedenen Aufbereitungen äußerst sparsam im Gebrauch und auf lange Sicht außergewöhnlich wirtschaftlich. Der Wasserverbrauch wird zum Beispiel drastisch eingeschränkt, da Alginure-Granulat das 300fache seines Eigengewichts an Wasser aufnimmt und hält. Das Wasser wird im Boden kolloidal gebunden und ist den Pflanzenwurzeln durch Osmose zugänglich. Es gelangt nur über die oberirdischen Pflanzenteile durch Verdunstung in die Luft, nicht aber aus dem Boden selbst.

Und auch die Verdunstung über das Blattwerk läßt sich sehr einschränken, wenn man die Pflanzen öfter mit einem feinen Nebel aus einem Gemisch von Wasser und Alginure-Verdunstungsschutzspray über-

sprüht. Das Schutzspray überzieht die Pflanze mit einer halbdurchlässigen Membrane. Diese behindert die Atmung der Pflanzen nicht, schützt sie jedoch vor starkem Wasserverlust und vermindert die Einwirkung von Schadstoffen aus der Luft.

Gerade bei der Anlage eines Gartens sollte auf Alginure nicht verzichtet werden, da es toxische Stoffe im Boden puffert (adsorbiert) und aus der Bodenlösung entfernt. Dadurch können diese Stoffe nicht mehr von den Pflanzen aufgenommen werden.

Zusätzlich sorgen Alginure-Wurzel-Dip und Alginure-Tauchmix dafür, daß Pflanzen bei Neupflanzungen keinen Verpflanzungsschock erleiden, weil die Wurzeln sofort weiterwachsen. Da Wurzeln nur über ihre feinen jungen Haarwurzeln Nahrung aufnehmen können, ist es gerade bei Pflanzungen wichtig, daß die Pflanzen sofort neue Wurzeln bilden.

Arbeitet man Alginure in den Boden ein, wird es auch unerheblich für die Pflanzen, welchen pH-Wert der Boden hat. Sobald Alginure durch ausgiebige Anfangswässerung wirken kann, gedeihen Moorbeetpflanzen neben solchen Pflanzen, die einen neutralen oder sogar leicht alkalischen Boden brauchen, ungehindert.

Durch Folie geschützter Düngerkegel aus Steinmehl, Stallatico, Tonmehl, einem Kompostpräparat und etwas Mutterboden.

Um den kostbaren Mutterboden nicht nur zu retten, sondern auch noch zu verbessern, versorgt man ihn am besten gleich mit Alginure-Granulat. Am leichtesten hat man es, wenn man das Präparat auf den noch unberührten Boden des Geländes streut, dazu noch ein Steinmehl, einen tierischen Dünger, wie beispielsweise Stallatico oder kalifornischen Trockenrinderdung, und einen Kompostbeschleuniger. Die erforderliche Mengenangabe entnimmt man den Packungsaufschriften. Der Bagger mischt mit seiner Schaufel beim Wegschieben des Mutterbodens alles gründlich durch, ohne daß man damit Arbeit hat.

Ein zu einem Haufen zusammengeschobener Mutterboden ist übrigens auch kaputt, wenn ihm diese Zutaten nicht untergemischt werden und er längere Zeit liegenbleibt, was ja bei einem Hausbau erforderlich wird.

Wenn man genügend Platz hat, sollte der Mutterbodenhaufen nicht höher als 1 m sein.

Gründüngungspflanzen

Nun sät man auf dem Haufen eine tiefwurzelnde Gründüngungspflanze aus. Da bietet sich vor allen anderen der Ölrettich, ein Kreuzblütler, an. Er kann von März bis Anfang September eingesät werden, durchwurzelt den Boden gut und ist sogar bedingt winterhart. Die Gründüngung aktiviert die Bodenorganismen und bildet gleichzeitig eine schützende Bodenbedeckung.

Nach der Aussaat, vor allem wenn diese ins früheste Frühjahr fällt, kann der Erdhaufen zum Schutz gegen Erosion und damit die Saat möglichst schnell keimt mit einer Loch- oder Schlitzfolie bedeckt werden. Die schwarze Folie sorgt auch für die nötige Bodenwärme; das macht die Bodenorganismen rege. Sie sind es ja, die den Boden durch ihre Stoffwechselvorgänge in kostbaren Humus verwandeln. Decken die wachsenden Pflanzen die Erde mit ihren grünen Blättern zu, kann die Folie in der wärmeren Jahreszeit abgenommen werden.

Gründüngung mit Lupinen und Ölrettich.

Gründüngungspflanze Gelbsenf.

Wenn der Ölrettich ausgewachsen ist, und es ist noch nicht Herbst, kann man ihn umhacken und auf dem Hügel als Bodenbedekkung liegenlassen. Die Wurzeln läßt man im Boden, wo sie willkommene Nahrung für die Bodenlebewesen sind.

Je nach Jahreszeit lassen sich nach dem Ölrettich noch andere Gründüngungspflanzen aussäen. Es sollte aber nicht noch einmal ein Kreuzblütler genommen werden, sondern am besten eine frostempfindliche Leguminose, die im Winter abfriert und eine schützende Decke über den inzwischen entstandenen Humus breitet. Im nächsten Frühjahr ist sie von den Bodenlebewesen ebenfalls zu Humus umgewandelt worden. Leguminosen gehen mit stickstoffsammelnden Bakterien in den Wurzelknöllchen Lebensgemeinschaften ein. Damit der Stickstoff dem Boden zugute kommt, müssen Leguminosen kurz vor der Blüte gemäht und die Pflanzen oberflächig in den Boden eingearbeitet werden, bevor sich der Stickstoff aus Wurzel und Blatt in Sameneiweiß verwandelt. Bei später Aussaat im Sommer kommt es zu keiner Blüte mehr.

Dann kann man die oberirdischen Pflanzenteile abfrieren lassen.

Will man vermeiden, daß die Mutterbodenecke während des Baus eines Wohnhauses in Mitleidenschaft gezogen wird, dann zieht man einen provisorischen Drahtzaun mit einigen Holzpfählen und 2–3 übereinander gespannten Drähten um das Mutterbodengelände.

Nun hat man vorerst alles getan, um bei der Anlage des Gartens gute Erde zur Verfügung zu haben, und kann die Planung überdenken. Wer allerdings nur einen sehr kleinen Garten – beispielsweise bei einem Reihenhaus – haben wird, hat keinen Platz, vor dem Bau des Hauses in einer vom Bau nicht beeinträchtigten Ecke einen solchen Erdhaufen mit Mutterboden anzulegen. Ihm zum Trost sei gesagt, daß es auch dafür geeignete Maßnahmen gibt, allerdings erst nach der Fertigstellung des Hauses.

Nähere Einzelheiten über den pH-Wert und die Kompostbereitung sind in dem Buch dieser Serie »So wird mein Garten zum Biogarten« zu finden.

Schutz für vorhandene Bäume und Sträucher

Ein Grundstück, auf dem Haus und Garten entstehen sollen, oder auch nur ein Garten allein haben meist eine Vegetation. Sofern es eine Wiese ist, wissen wir bereits, was zu tun ist. Bei einem großen Garten braucht man allerdings auch nicht die ganze Wiese und den Mutterboden abzutragen. So hat man auch gleich einen kleinen Lebensraum, in dem die Tiere, die bisher dieses Gelände bewohnten, Schutz finden können. Man nimmt die beschriebene vorbereitende Arbeit nur in dem Teil des Geländes vor, auf dem gebaut wird, und berücksichtigt noch das für den Bau nötige Umfeld.

So wie ja auch Nachbargrenzen und angrenzende Straßen während des Baus nicht beeinträchtigt werden dürfen, muß auch ein Vegetationsteil auf dem Grundstück tabu sein können. Man muß es in solch einem Fall durch einen provisorischen Zaun als Grenze deutlich kenntlich machen. Bäume und Sträucher läßt man erst einmal stehen. Wenn es irgend möglich ist, bezieht man sie in die Planung ein. Selbst als überaltert anzusehende Obstbäume lassen sich mit biologischen Methoden wieder verjüngen und so pflegen, daß sie gute Ernten hervorbringen.

Der Speierling (Sorbus domestica) war früher in Weinanbaugebieten weit verbreitet, da man seine Früchte für die Weinherstellung brauchte. Heute ist er selten geworden und darf nicht mehr gefällt werden.

In manchen Gemeinden ist es ohne ausreichende Begründung gar nicht erlaubt, einen Baum zu fällen. Wird er beim Bau beschädigt, weil angeblich der Bagger nicht genügend Arbeitsplatz hatte oder gerade dort, wo der Baum steht, eine Leitung gelegt werden muß, so kann man das heute als Wertminderung des Grundstücks geltend machen, wobei es sich um Summen von einigen tausend DM, aber auch um 10 000 oder 20 000 DM handeln kann.

Allein der klimatische Wert eines ausgewachsenen Baumes ist nicht zu unterschätzen. Ein größerer Laubbaum verdunstet bei guter Wasserversorgung bis zu 500 l Wasser pro Tag. Dadurch kann die Luft an heißen Sommertagen in der Nähe des Baumes bis zu 4°C kühler sein. Diese Luftbefeuchtung schafft zusammen mit der Staubbindung eine spürbare Verbesserung des Kleinklimas.

Wird beispielsweise eine 100jährige Buche gefällt, so müßten 2700 Jungbäume angepflanzt werden, um die gleichen günstigen kleinklimatischen Verhältnisse zu schaffen. Die Gartenplanung ist nach Möglichkeit so einzurichten, daß vorhandene Bäume weder abgegraben noch angeschüttet werden müssen. Das vertragen die wenigsten Bäume und Sträucher. Zu ihnen gehören Pappeln, Eiben, Weiden und einige Kiefernarten, weil sie in der Lage sind, an den Stämmen, soweit diese mit Erde umgeben

Verschalung eines Baumes.

sind, neue Wurzeln zu bilden. Pinselt man sie gründlich mit einem dickflüssigen Brei aus Alginure-Wurzel-Tauchmix ein, so erleichtert man ihnen die Wurzelbildung immens.

Die meisten Bäume vertragen solch eine Behandlung nicht. Manche, wie beispielsweise die Rotbuche, gestatten nicht einmal die geringste Bodenverdichtung durch Befahren des Kronenbereichs. Geringe Änderungen des Niveaus im Baumkronenbereich, Störungen der Bodenvegetation oder Grundwasserabsenkungen lassen Rotbuchen eingehen.

Andere Bäume stellen sich mit der Zeit auf die neuen Verhältnisse um. Auch das Entfernen von Sträuchern im Baumbereich kann für Bäume problematisch werden. Sie bilden mit den Pflanzen ihrer Umgebung eine Pflanzengemeinschaft, die nicht gestört, geschweige denn zerstört werden darf.

Die geeignetste Maßnahme ist ein stabiler Bretterzaun von mindestens 170 cm Höhe in Kronenbreite oder sogar um noch zur Pflanzengemeinschaft gehörende Sträucher. So kann man Stammbeschattung, Bodenvegetation und Bodenleben am besten erhalten, solange gebaut wird. Tropföl von Autos, die mit Vorliebe im Schatten von Bäumen abgestellt werden, und das Verschütten und Ausleeren giftiger Substanzen, wie Kalk- oder Zementwasser, können vermieden werden.

Abgrabung an Hauptwurzeln.

Falls es trotz aller Bemühungen nicht möglich ist, Abgrabungen im Wurzelbereich von Bäumen zu vermeiden, dann dürfen diese Arbeiten nur in Handarbeit ausgeführt werden. Ein Bagger zerreißt Wurzeln nämlich viel weiter als vom Laien angenommen wird. Die 20–30 cm langen Verletzungen heilen meist nicht mehr aus. Die Wurzelreste verfaulen.

Deshalb müssen die Wurzeln glatt abgesägt werden. Die Schnittflächen werden mit Alginure-Tauchmix behandelt und sofort in einem gewissen Abstand mit einem verzinkten Maschendrahtzaun versehen. Der Zwischenraum wird mit Baumfutter, einem Erd-Mull-Dünger-Gemisch, aufgefüllt, das man bei Firmen erhält, die baumchirurgische Maßnahmen durchführen.

Der angehende Biogärtner kann sein Baumfutter aber auch selbst herstellen. Dazu nimmt er auf ½ m³ Mutterboden und ½ m³ Rindenhumus 5 kg Algomin (Korallalgenkalk), 5 kg Steinmehl, 5 kg Tonmehl, 10 kg tierischen Dünger, wie Horn-, Blut- und Knochenmehl oder kalifornischen Trockenrinderdung, 3 kg Alginure-Bodengranulat und Kompostbeschleuniger.

Diese zubereitete Erde sollte wenigstens eine Woche vor Verwendung gut vermengt und durchfeuchtet zu einem Kegel aufgesetzt und mit Mulchfolie oder einem anderen schützenden Material abgedeckt ruhen. So können die Bodenorganismen diese vorbereitete Erde wenigstens schon etwas durcharbeiten.

Die Auffüllung an den abgeschnittenen Wurzelenden muß anfangs gut gewässert werden, damit sich möglichst schnell neue Wurzeln bilden können.

So manche große Wurzel könnte jedoch erhalten bleiben, wenn bei Fundamenten Überbrückungen vorgenommen werden.

Ist das Einfrieden von Bäumen nicht möglich, dann sollten Baumstämme und Wurzelansätze zum Schutz gegen Rindenschäden mit Holz verschalt werden. Dabei muß zwischen Baumstamm und Verschalung ein kleiner Abstand bleiben. Die Verschalung darf nicht mit Nägeln am Baumstamm befestigt werden.

Läßt sich das Durchfahren von Baufahrzeugen unter Bäumen nicht vermeiden, sollten sogenannte Baggermatratzen auf einer 30 cm hohen Sandschicht verlegt werden, die den Druck der Fahrzeuge gleichmäßig verteilen.

Müssen wegen der Durchfahrt Äste abgesägt werden, so sind die Astenden glattzuschneiden und mit Baumwachs zu verschließen.

Das Umweltbewußtsein ist in wenigen Jahren so erwacht, daß heute die meisten Bauträger und die am Bau beteiligten Arbeiter und Handwerker die nötige Einsicht für solche Maßnahmen zeigen, wenn man diese rechtzeitig mit ihnen bespricht.

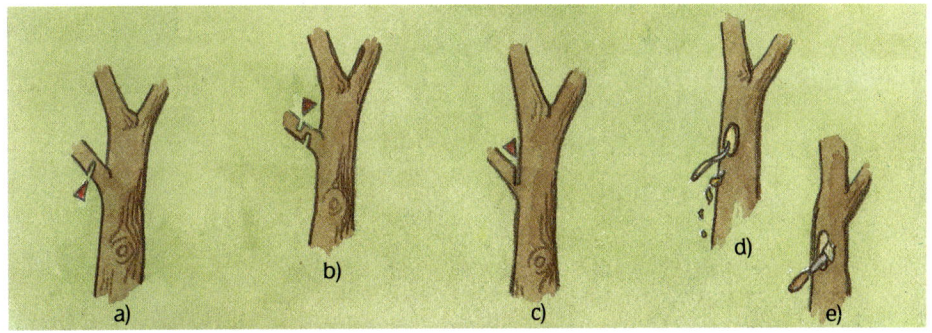

Astabschnitt: a) Ansägen von unten, 10 cm vom Stamm weg, b) Ansägen von oben, bis der Ast abbricht, c) Absägen am Stamm, d) glattschneiden, e) mit Baumwachs bestreichen.

Sinnvolle Planung für den Biogarten

Wenn man die Planung für einen naturnahen Garten beginnt, ist es nötig, sich erst einmal darüber Klarheit zu verschaffen, was man will und was möglich ist.

Falls der biologische Garten bisher nur ein unbestimmter Wunsch war, muß man vor der Planung ins Bewußtsein heben, was man vom Biogarten erwartet und wieviel Zeit man für ihn aufbringen kann.

Soll er mehr ein <u>Freiraum</u> sein, in dem man ausspannen will, Pflanzen und Tiere zu beobachten die Muße hat, gleichzeitig selten gewordenen Geschöpfen aus dem Pflanzen- und Tierreich eine Bleibe geben möchte, ohne daß der Garten zu viel Arbeit macht?

Dann geht es darum, freiwachsende Hekken und Gebüschgruppen mit einheimischen Bäumen und Sträuchern anzulegen, eine Wiese, die nur ein- bis zweimal im Jahr gemäht wird, und abzuwarten, welche Kräuter sich ansiedeln.

Im Naturgarten sieht es so aus wie heute nur noch selten in der freien Natur, beispielsweise blühen Buschwindröschen unter lichten Birken.

Auf einen Zier-, Obst- oder Gemüsegarten sollte verzichtet werden. Ein Teich ist in solch einem Fall nur richtig, wenn der Garten eine tiefliegende Stelle hat, an der das Grundwasser nach wenigen Spatenstichen zum Vorschein kommt; oder man hat das seltene Glück, daß durch den Garten ein Bach fließt, den man an einer Stelle zu einem Teich erweitern kann. Ein begradigter Bach kann außerdem umgestaltet werden. Er erhält Windungen, flache und steile Ufer im Wechsel, vielleicht auch einmal eine Staustelle, über die dann ein kleiner Wasserfall plätschert.

Man kann alte Bäume, die man bei der Übernahme des Geländes vorfindet, stehenlassen; morsches Holz bleibt liegen; Steinhaufen und Mäuerchen, aus Feldsteinen aus der Umgebung aufgeschichtet, können die durchdachte Wildnis ergänzen. Vielleicht führen nur Trampelpfade durch den Garten, allerhöchstens werden Pflastersteine, Klinker oder Steinplatten unregelmäßig verlegt, damit man in regnerischen Zeiten trockenen Fußes durch den Garten wandern kann.

Nach biologischen Gesichtspunkten angelegter Gemüsegarten mit bodenheilenden Ringelblumen im Vordergrund.

Wünscht man sich einen <u>Ziergarten</u>, so läßt er sich so anlegen, daß man für die Pflege wenig Zeit investieren muß, wenn man sich an einheimische Pflanzen hält und neben Sträuchern und Bäumen hauptsächlich mehrjährige Stauden anpflanzt oder solche Blumen, die sich jedes Jahr selbst aussäen. Auf südländische Gewächse, die man im Winter vor rauhem Klima und Frost schützen muß, sollte man verzichten.

Das heißt aber keineswegs, daß fremdländische Blütenpracht aus dem biologischen Garten in Mitteleuropa engherzig verbannt werden soll. Viele Pflanzen aus dem Mittelmeerraum, aus Amerika oder Asien sind längst heimisch bei uns. Würden sie nicht mehr angepflanzt werden, stellte das eine Verarmung dar.

Wer würde annehmen, daß die mit ihren Früchten weiß leuchtende anspruchslose Schneebeere aus Nordamerika stammt, der im Mai reichblühende Fliederstrauch in Südosteuropa heimisch ist oder der Frühblüher Forsythie aus China kommt?

Die beiden erstgenannten Sträucher sind anspruchslos. Hier liegt beim Ziergarten das wirkliche Problem. Man muß abwägen, ob man anspruchslose Zierpflanzen wählt, die dem Biogärtner wenig Arbeit machen, wenn man sie an den ihnen gemäßen Standort pflanzt, oder ob man es sich zeitlich leisten kann, öfter Rosen zu schneiden und für nährstoffreiche Böden zu sorgen.

Am arbeitsintensivsten ist zweifellos der <u>Gemüsegarten</u>. Unsere Gemüsepflanzen sind hochgezüchtete Kulturpflanzen, die meist nährstoffreiche Böden brauchen, gepflegt, während des Wachstums nachgedüngt und ständig beobachtet werden müssen.

Wer allerdings seine Familie und sich selbst schadstoffarm ernähren, dazu den Vorzug genießen will, sein Gemüse ohne Vitalstoffverluste frisch auf den Tisch zu bekommen, der sollte geschickt alle zeitsparenden Methoden im Gemüseanbau einsetzen und wird dann nicht übermäßig viel Zeit für die Arbeit im Gemüsegarten aufbringen müssen und viel Freude am Experimentieren,

Erhaltener alter Apfelbaum im neu angelegten Biogarten.

Ernten und am Geschmack der Gemüse haben. Das wiegt den Arbeitseinsatz erfahrungsgemäß auf.

Nicht ganz so intensiv ist die Arbeit im Obst- und Beerengarten. Hier gibt es während des Jahres bestimmte Zeitperioden, in denen man sich eingehend mit Obstbäumen und Beerensträuchern beschäftigen muß, will man reichlich ernten und gesunde Früchte haben. Das sind die Zeiten, in denen die Gehölze geschnitten werden, gedüngt und geerntet wird. Zwischendurch sind Spritzungen mit biologischen Präparaten und Kräuterjauchen nötig.

Die Arbeit im Garten ist für viele Menschen eine notwendige Ergänzung zum oft hektischen Berufsleben. So gesehen, kann Gartenarbeit eine wertvolle Erholung darstellen, zumal einige Faktoren wegfallen, die einen Urlaub in der weiteren Ferne problematisch machen können. Es gibt keine Klimaumstellung, keine fremden Essensgewohnheiten, keine Autoschlangen an der Grenze und auf der Autobahn und keine unerwünschten Überraschungen.

Gartenarbeit soll Spaß machen. Keinesfalls sollte man sich zu viel zumuten. Wer den ganzen Tag am Schreibtisch sitzt, kann am Beginn seiner Gartenlaufbahn nicht stundenlang Pflanzgruben für Sträucher und Bäume ausheben.

Der Plan ist erst einmal das Wichtigste. Er muß nicht an einem Tag, auch nicht in einem Monat ausgeführt sein. Die richtige

Planung spart viel Zeit und auch Geld, denn Änderungen von unüberlegten Gartenanlagen sind zeitraubend und arbeitsintensiv. Dazu kommt, daß Pflanzen es nicht besonders gut vertragen, ständig umgepflanzt zu werden.

Außer den Bereichen Naturgarten, Wassergarten, zu dem auch der hier noch nicht erwähnte und meist allein mögliche Folienteich, Zapfstellen und Regenauffangtonne gehören, Ziergarten, Nutzgarten, gegliedert in Gemüse-, Kräuter-, Obst- und Beerengarten, sind auch der Wohngarten, zu dem Terrassen, Pergolen, Anlehngewächshaus, Sitzecken und Kinderspielplatz gehören, aber auch Dachgärten, Dach- und Wandbegrünung in den Gartenplan einzubeziehen.

Ganz besonders wichtig ist für den Biogarten der Kompostplatz, der weder im großen noch im kleinen Garten vergessen werden darf. Von ihm aus verbreitet sich Gesundheit über den ganzen Biogarten, denn es gibt keine gesündere Erde für den eigenen Garten als humusreichen Kompost aus den Abfällen von Haus und Garten.

Nun ist es aber keineswegs so, daß diese soeben aufgezählten Gartenbereiche streng getrennt voneinander geplant werden müßten. Vielfach ist es sogar so, daß Nutz- und Zierpflanzen einander nützlich sind und wertvolle Lebensgemeinschaften bilden.

So schützt Lavendel nicht nur Rosen vor Blattläusen; auch Johannisbeersträucher oder Obstbäume können von dem blattlausvertreibenden Duft des Lavendels profitieren. Kräuter im Ziergarten wirken heilend auf den Boden und Nachbarpflanzen, eine Brombeerhecke um den Kompostplatz verdoppelt den Nutzen, was für einen kleineren Garten wichtig sein kann.

Die Planung für den kleinen, den mittleren und den großen Garten ist grundverschieden, aber selbst im großen Garten muß man sich beschränken, denn zu eng nebeneinander gesetzte Pflanzen können Ärger geben.

Entweder verdrängen die robusteren Pflanzen die zarteren, machen sie zu unschönen Krüppeln, oder Schädlinge und Pflanzenkrankheiten sind vorprogrammiert, oder es tritt alles zusammen ein.

Der kleine Garten

Im kleinen Garten können Niveauerhöhungen die Gartenfläche beträchtlich vergrößern, weil man die geschickt ausgenutzten Hänge, wie sie beispielsweise beim Hügelbeet entstehen, aber auch die Stützmauern von Hochbeeten bepflanzen kann.

Man geht mit dem kleinen Garten sowieso in die Höhe. Hier wird man, um nur ein Beispiel zu nennen, nicht Stachelbeersträucher, sondern -bäumchen pflanzen, unter deren lichten Kronen noch andere Pflanzen Platz finden.

Bei Rosen wechselt man auf einer Fläche zwischen niedrigen Beetrosen und Stammrosen, Kletterrosen verschönern Wände und die senkrechten und waagerechten Balken von Pergolen. Kletter- und Schlingpflanzen bieten viel Grün und viele Blüten. Im kleinen Garten oder auch im meist kleinen Vorgarten wählt man als Leitpflanzen

Clematis jackmanii.

Kletterrosen an einer Pergola.

nicht zu große Pflanzen. Ein Baum kann, wenn er erst einmal ausgewachsen ist, etliche Quadratmeter Bodenfläche beanspruchen, auf denen allerhöchstens noch einige schattenliebende Pflanzen gedeihen. Am Haus verdeckt er unter Umständen den Lichteinfall in Fenster.

Selbst Sträucher können zu groß sein. So robuste Gehölze wie der Feldahorn oder der sehr schnell wachsende Hartriegel erreichen Höhen von 4–6 m. Deshalb ist es ratsam, sehr sorgfältig kleinbleibende und langsamwachsende Sträucher, wie Ginster, Berberitze oder die Alpenjohannisbeere, auszusuchen, wenn es um Laubgehölze geht, und unter den Nadelhölzern beispielsweise die Japanische Eibe, die Berg- oder Krummholzkiefer und Kriechwacholder zu wählen, den man als Bodendecker einsetzen kann.

Im übrigen hält man sich mehr an Stauden, die auch 2 m hoch werden können. Da gibt es beispielsweise Geißbart, Prachtspiere, Rittersporn und Pfingstrosen.

Aber auch ein- oder zweijährige Blütenpflanzen können als Leitpflanzen dienen. Sonnenblumen, Stockrosen oder Fingerhut in Gruppen gepflanzt ergeben farblich herausragende Punkte im kleinen Garten, ohne bedrängend zu wirken.

Um eine räumliche Wirkung zu erzielen, pflanzt man die höheren Leitpflanzen einzeln oder in kleinen Gruppen – je nach Umfang – an drei Stellen, so daß diese Pflanzen ein Dreieck bilden. Hat man etwas mehr Platz und will den ganzen Sommer über blühende Leitpflanzen als Blickpunkte haben, dann kann man verschiedene Pflanzen in drei Gruppen pflanzen, die sich in ihrer Blütezeit ergänzen.

Um diese Leitpflanzen herum wählt man kleine Pflanzen, die in kleinen Gruppen im Wechsel der Jahreszeiten blühen.

Die Beete sollten nicht gerade, sondern unregelmäßig verlaufen. Das macht den kleinen Garten interessanter und läßt ihn größer wirken, wozu auch die blühenden Blumen in kleinen Gruppen beitragen.

Der kleine Nutzgarten kann einen höheren Ertrag liefern, wenn man für Gemüse Hügel- und Hoch- oder Bankbeete anlegt. Erdbeeren können an den Wänden von Hochbeeten, an den Seitenwänden von gelochten Holztonnen oder in übereinander setzbaren Pyramiden gezüchtet werden. Kleine Spalierobstbäume, die man zu schmalem Wuchs erzieht und die höchstens 250 cm hoch werden, nehmen nicht viel Platz ein, sind leichter zu beschneiden und abzuernten und können bei guter Pflege reich tragen.

An der Südseite des Hauses kann man entweder Spalierobst oder echten Wein ziehen. So gewinnt man nochmals Anbaufläche.

Teehybridrose (Lena) im Rosengarten, einem beliebten Gartenbereich.

Der mittelgroße Garten

Hat ein Garten wenigstens eine Größe von 200–300 m², so läßt sich schon einiges gliedern. Man darf allerdings nicht zu viel haben wollen. Wer beispielsweise einen Vier-Personen-Haushalt im Sommer selbst mit Gemüse und Beerenobst versorgen will, braucht schon 200 m² für den Nutzgarten. Da bleiben allenfalls 100 m² für den Wohn- und Ziergarten, und ein kleiner Teich hat auch noch Platz.

Wenn man die Fläche so geschickt nutzt, wie für den kleinen Garten beschrieben, kann man aus seinem mittelgroßen Garten sowohl ein kleines Erholungsgebiet machen als auch eine Menge Früchte und Gemüse ernten.

Der große Garten

Hier lassen sich recht viele Wünsche erfüllen, wenn der Garten wenigstens 600 m² groß ist. Mit einigem Geschick können Naturgarten, Wassergarten, Wohn- und Ziergarten, Intensivnutzgarten mit Obst, Gemüse und Beerensträuchern, ein Kinderspielplatz, Wiese, Spielrasen und ein von allen Gartenvarianten leicht erreichbarer, zentral gelegener Kompostplatz geschaffen werden.

Ist der Garten 1000 m² groß oder größer, so kann es Naturgartenecken geben, die so gut wie unberührt bleiben dürfen, was der Natur am meisten bekommt.

Im Ziergarten können verschiedene Gärten nebeneinander liegen, vielleicht ein Rosengarten, ein Heidegarten und einer mit Wildgräsern.

Standort des Hauses

Ehe man mit der Gartenplanung beginnen kann und in groben Zügen erst einmal die geeignetsten Plätze für die verschiedenen Gartenbereiche festlegt, sollte der Standort des Hauses und seine harmonische

Lage im Verhältnis zum Vorgarten nicht nur im Hinblick auf Grenzabstände bedacht werden. Was in China schon seit Jahrtausenden mit Sorgfalt untersucht wird, sollte auch bei uns endlich in die Überlegungen einbezogen werden.

Es geht – laienhaft ausgedrückt – um Erdstrahlen, wissenschaftlich Radiästhesie genannt. Dieses Wissensgebiet ist heute längst nicht mehr so umstritten wie noch vor einigen Jahren und wird auch unter Wissenschaftlern immer mehr diskutiert. Es handelt sich dabei um Bodeneinflüsse auf Mensch, Tier und Pflanze.

Jede Materie strahlt, so auch der Erdboden. Konzentrationen solcher Strahlungen nennt man Reizstreifen. Pflanzen zeigen solche Reizstreifen an. Da gibt es in Apfelplantagen zwischen all den gleichmäßig gewachsenen Bäumen hier und da einen Baum, der krebsige Verdickungen aufweist, unregelmäßig wächst und keine Ernte bringt. Manchmal sind es ganze Streifen, auf denen Apfelbäume nicht gedeihen wollen. In Mitteleuropa zeigen sich Ulmen, Linden und Buchen am wenigsten widerstandsfähig gegen Reizstreifen. Dagegen ist Steinobst gefeit gegen Strahlungen. Viele Nutzpflanzen, wie Gurken, Tomaten oder Hafer, zeigen deutlich verringertes Wachstum auf Reizzonen. Farne und Brennesseln scheinen sich dagegen auf solchen Strahlungsgebieten besonders wohl zu fühlen.

Bei Tieren ist die Wirkung von Erdstrahlen schwerer zu ermitteln, weil sie nicht an einen Standort gebunden sind; aber man weiß, daß Katzen ihre Lieblingsplätze auf Strahlungskreuzungen haben.

Ameisen siedeln auf Reizstreifenkreuzungen, und ihre Straßen verlaufen auf Reizstreifen. Auch Bienenvölker produzieren den meisten Honig, sind am gesündesten und haben eine hohe Population, wenn sich der Bienenstock auf einer Reizzone befindet. Allen anderen Tieren – Ungeziefer macht eine Ausnahme – sind Reizzonen und -kreuzungen sehr unsympathisch. Bei Hunden hat man Erkrankungen mit Erd-

strahlen in Verbindung bringen können. Versuche mit weißen Mäusen haben ergeben, daß Erdstrahlungen bei diesen Tieren zu Krebs führen.

Auch für Menschen haben sich diese Strahlungen nicht als günstig erwiesen. Hat jemand sein Bett auf einer Reizzone stehen, kann das zu Schlafstörungen und Krankheiten führen. Da Menschen unterschiedlich auf Erdstrahlungen reagieren, kommt es zu den verschiedensten Krankheiten, die auch mehr oder weniger stark auftreten.

So ist es schon oft vorgekommen, daß Menschen, die voller Freude in ihr neu erbautes Haus ziehen, plötzlich ohne ersichtlichen Grund schwer erkranken. Deshalb sollte man vor dem Kauf eines Geländes für Haus und Garten das Grundstück von einem geologischen Institut oder einem anerkannten Rutengänger auf Erdstrahlungen überprüfen lassen. Ist der Kauf unumgänglich, so läßt es sich meist doch einrichten, daß sich die Stellen im Haus, an denen sich die Bewohner am meisten aufhalten, beispielsweise Bett, Arbeits- und Eßplatz, nicht gerade auf einer Reizzone befinden.

Sieht das Gelände sehr verdächtig aus, hat es zum Beispiel große Flächen mit Brennesseln oder Farnkraut, gibt es Ameisenhaufen und -straßen, dann sollte man es am besten nicht kaufen, ganz bestimmt aber gründlich untersuchen lassen.

Wie wir gesehen haben, führen diese Strahlungen auch im Garten zu Mißerfolgen. Auf keinen Fall pflanze man Apfel- oder Birnbäume auf Reizzonen. Steinobst, wie beispielsweise Kirschen, gedeihen gut auf solchen Stellen.

Auch Johannisbeeren scheinen solche Strahlungszonen nicht zu bekommen. Ein Gärtner zeigte einmal in seinem riesigen Gartengelände auf eine Reihe von etwa 20 Johannisbeersträuchern. Sie sahen alle prächtig und gesund aus. Nur an einer Stelle standen 3 Sträucher, die deutlich niedriger waren, kranke Blätter hatten und kaum Früchte. Dem Gärtner war das schon lange aufgefallen, und er hatte daraufhin das

Gelände untersuchen lassen. Tatsächlich fand man an der Stelle eine Kreuzung von Reizstreifen.

So kann sich aus einer Untersuchung des Grundstücks ergeben, daß ein Haus etwas anders gestellt werden muß, Zimmerwände verschoben und bestimmte Gartenteile an anderen Stellen geplant werden müssen. Außer den schon genannten Betten, Arbeits-, Eß- und Sitzplätzen legt man auch Obst- und Beerengehölze nicht über Reizstreifen oder gar Kreuzungen an.

Gesundheitsförderndes Material für den Garten

Ehe an die Planung herangegangen wird, bestimmte Bereiche ihren endgültigen Standort erhalten und man sich vorstellt, wie man hier und da dieses oder jenes Material einsetzt, sollte bedacht werden, welches Material angewendet werden kann, denn nicht alles, was sich mit dem Wort »Bio« schmückt, ist für Mensch, Tier und Pflanze verträglich.

Die rustikal anmutenden Bahnschwellen, die schon seit einer Anzahl von Jahren für Stützmauern, Sandkästen, Sitzbänke und Spielburgen in Mode sind, haben sich durch ihre Imprägnierung als giftig und krebserregend erwiesen. Die 91 Millionen Bahnschwellen in der Bundesrepublik Deutschland sind mit einer Steinkohlen-Teer-Lösung behandelt, die sogar eine Gefahr für das Grundwasser bedeuten soll.

Als willkommenen Ausweg gibt es ja jetzt kesseldruckimprägniertes Holz, könnte man meinen, aber leider ist der Tatbestand nicht so. Die bei der Druckimprägnierung verwendeten giftigen Substanzen entweichen nach der Behandlung zwar schnell, aber im Holzkern bleibt das Gift zurück und entweicht jahrelang.

Für den Außenbereich gibt es heute gute biologische Holzschutzmittel, die das Holz vor Feuchtigkeit und Schädlingen schützen.

Holz, das mit dem Boden in unmittelbare Berührung kommt, kann man zusätzlich durch Polyäthylenfolie oder Bitumenpappe schützen.

Folien, Gefäße und Bodenbeläge, beispielsweise für Gewächshäuser, sollten nicht aus dem krankheitsfördernden, krebserregenden und erbgutverändernden PVC sein.

Die Herstellung von Polyvinylchlorid (PVC) verläuft ohne vollständige Reaktion, so daß das fertige Produkt bei normaler Raumtemperatur ständig das gasförmige VC an die Luft abgibt. Kommt PVC mit Wasser, wasser- oder fetthaltigen Stoffen in Berührung, so entweicht ebenfalls das giftige Vinylchlorid.

Genauso gefährlich sind asbesthaltige Baustoffe, die vielfach als Pflanzkästen angeboten werden. Der Abrieb hält sich als Schwebstoffe in der Luft und führt zu schwerwiegenden Erkrankungen der Atmungsorgane bis hin zu Lungenkrebs. Die Gefährlichkeit läßt sich auch daraus erkennen, daß in den USA ein Totalverbot für asbesthaltige Bauelemente angestrebt wird, während sich die Asbestzementindustrie in der Bundesrepublik Deutschland bis 1990 bemühen will, alle Hochbauprodukte asbestfrei herzustellen.

Eternit-Pflanzgefäße sind seit 1984 asbestfrei. Es ist ratsam, sich beim Kauf auf die Quittung eine Unbedenklichkeitsbescheinigung schreiben zu lassen.

Als Unterkonstruktion oder Verkleidung von Gartenlauben und Gewächshauseigenkonstruktionen werden oft auch Spanplatten verwendet. Dem zur Verklebung der Holzabfälle verwendeten Leim entströmt Formaldehydgas, das zu Entzündungen der Haut, der Schleimhäute von Augen und Atmungsorganen, Schlafstörungen, Kopfschmerzen, Allergien, Asthma, Bronchitis und Erbgutschäden führt. Das Gas kann jahrelang aus den Platten entweichen.

Es gibt heute bereits Spanplatten, die mit einem ungiftigen Kleber hergestellt sind, deshalb muß man sich vor dem Kauf solcher Platten genau nach der Herstellung erkundigen.

Paragraphen

Es ist sicher für jeden vernünftigen Menschen selbstverständlich, daß er Rücksicht auf seine Nachbarn nimmt. Doch so einfach ist das nicht.

Zwar werden Blätter und Samen, die in Nachbars Garten wehen, als das normale Wirken von Naturkräften angesehen, aber wenn kranke Bäume in kurzer Zeit alle Nadeln verlieren, die Nachbars Garten beeinträchtigen, oder Samen von einem ganzen Brennesselfeld zu unerwünschtem Brennesselwuchs auf einem Nachbargrundstück führen, kann eine Klage des Nachbarn doch zum Erfolg für ihn werden. Auf dem Grundstück vorhandene Obstbäume, die auf der Grenze zweier Gärten stehen, dürfen von beiden Anliegern abgeerntet werden.

Hecken und Bäume dürfen mit ihren Zweigen weder den Nachbarn noch einen Passanten auf der Straße belästigen. Die Vorschriften für Grenzabstände von Hecken und Bäumen sind in den einzelnen Bundesländern der Bundesrepublik Deutschland unterschiedlich. Auf jeden Fall sollte man sich erkundigen oder sicherheitshalber solch einen Abstand wählen, der auf keinen Fall Zweige über irgendeine Gartengrenze ragen läßt.

Ähnliches gilt für den Bau von Gewächshäusern. Freistehende Gewächshäuser sind meist bis zu einer gewissen Firsthöhe anzeige- und genehmigungsfrei, Anlehngewächshäuser gehören dagegen zum genehmigungspflichtigen Bauvorhaben. Deshalb muß ein Bauantrag gestellt werden. Vordrucke bekommt man bei der zuständigen Baubehörde.

Für die Höhe von Mauern und Zäunen gibt es in den Gemeinden unterschiedliche Bestimmungen. Vorsichtshalber erkundige man sich auch in dieser Hinsicht.

Steht ein Obstbaum auf der Gartengrenze, gehören dem Nachbarn die Früchte, die auf seiner Seite an den Ästen hängen.

Wohin mit den einzelnen Garten- bereichen?

Nachdem nun alles, was man vor der Planung eines Gartens wissen muß, erörtert wurde und der Standort des Hauses festliegt, sofern eines gebaut wird, ist der eigentliche Gartenplan auszuarbeiten.

Jeder Garten liegt anders. Nach der Lage muß man sich richten, außerdem nach seiner Größe und Form.

Bei der Lage geht es zuerst darum, ob ein Garten in einem wärmeren oder kälteren Klima liegt. Weinstöcke bringen beispielsweise weder an der Nordsee noch in Höhenlagen der Alpen Früchte, es sei denn, sie wachsen in Gewächshäusern. In Tälern mit kühlen Fallwinden und schlecht abziehendem Nebel kann erst gar nicht mit normalem Wuchs von südländischen Gewächsen gerechnet werden. Deshalb sollte man sie auch nicht in seine Gartenplanung einbeziehen.

Am besten ist es, man schaut sich die Gegend, in der der Garten liegen wird, genau an. Anhand der Bäume, Sträucher, Kräuter und Gräser kann man allerlei über das lernen, was im zukünftigen Garten gedeiht. Der naturnahe Garten soll ja auch wenigstens teilweise einheimische Pflanzen aufnehmen.

Gemeinschaftsgartenanlage Ziegelhof in Freiburg: Aus vielen kleinen Gärten wurde ein großer mit einem Spielplatz für die Kinder aus allen Häusern.

Bei der Lage ist ebenfalls zu berücksichtigen, ob ein Gartengelände eben ist oder an einem Hang liegt. Dabei kommt es wiederum darauf an, ob es ein Süd-, Nord-, Ost- oder Westhang ist.

Der Südhang hat in jedem Fall die optimale Sonneneinstrahlung. Schon eine Lage nach Südosten oder Südwesten ist anders. Hier haben rauhe Ostwinde oder luftfeuchtigkeitserhöhende Westwinde Einfluß. Bei einer sanften Nordhanglage muß man versuchen, durch Aufschüttungen kleine ebene Flächen oder sogar kleine Südhanglagen zu schaffen und nach Norden mit einem Erdwall, Bäumen und Hecken den Gartenpflanzen Schutz zu geben.

Liegt der Garten an einer belebten Straße, sollte man an der Straßenseite eine möglichst breite, freiwachsende Hecke anlegen. Schüttet man für die Hecke noch einen Erdwall auf, wird der Schutz gegen Schall und Abgase noch größer. Der Wall kann nach außen durch Holzpalisaden oder Kunststeinelemente abgestützt werden. Mauern in einer wirksamen Höhe sind meist nicht zulässig.

Ist ein Garten klein und schmal und die Längsseite dieses »Handtuchgartens« gerade der Straße zugekehrt, muß man sich mit einer Schnitthecke begnügen und diese möglichst dicht planen.

Wie der Grenzbereich zu den Nachbarn aussehen soll, muß man ebenfalls bedenken. Gibt es die Nachbargärten bereits, sind sie zumeist durch Zäune begrenzt; werden die Gärten gleichzeitig angelegt, sollte man sich mit den Nachbarn über die verschiedenen Möglichkeiten verständigen. Vielleicht ist gar kein oder nur ein niedriger Zaun, eine kleine Hecke oder eine nützliche Einfriedung durch Beerensträucher nötig.

Führt ein Weg zum Nachbargarten, bekommt der Zaun eine Tür? Himbeeren oder Brombeeren ergeben eine schmale Hecke auf der Grenze zum Nachbarn. Auch Spalierobst eignet sich sehr gut als lichter Durchblick.

Gärten zwischen Reihenhäusern lassen sich auch als Kommunikationsmöglichkeit in Form einer Gemeinschaftsanlage gestalten. Statt der winzigen Rechtecke, die sich meist hinter Reihenhäusern befinden, gibt es dann zwar für jeden unmittelbar am Haus einen kleinen privaten Bereich, den jeder Nachbar respektiert, aber die Kinder können auf einem gemeinsamen Spielplatz spielen. Nur ein Erwachsener braucht dort die Kleinen im Auge zu behalten.

Die größeren Gartengeräte sind nur je einmal anzuschaffen, beispielsweise der Rasenmäher, die Schubkarre und der Häcksler. Gerätehaus und Kompostplatz sind für alle Anwohner da. Auf dem gemeinsamen Rasen oder der Wildwiese können Baum- und Buschgruppen angelegt werden. Auch Obstbäume und Beerensträucher finden dort ihre Standorte. Ein gemeinsamer Gemüseteil und ein Teich haben vielleicht auch noch Platz.

Eine kleine Sitzgruppe kann als Treffpunkt genutzt werden, ohne daß es gleich nach Besuch und Verpflichtungen aussieht.

Ein größeres Gartengelände, das eine ebene Fläche bildet, wirkt interessanter und abwechslungsreicher, wenn das Niveau stellenweise verändert wird. Ein halber Hügel, der auf seiner Südseite mit Stützelementen, die ein Halbrund bilden, abgestützt ist, kann eine reizvolle Sitzgruppe oder einen Spielplatz umrahmen, Windschutz bieten und den Blick auf den anschließenden Nutzgarten geschickt verwehren.

Auch der Schatten des Hauses übt seinen Einfluß auf die Gartengestaltung aus. Auf der Nordseite des Hauses können unmittelbar am Haus nur solche Pflanzen gedeihen, die Schatten lieben, weiter weg vom Haus auch solche, die Halbschatten vertragen. Für sehr heiße Sommertage kann eine Sitzgruppe auf der Westseite des Hauses Erholung bieten, während man einen unbeheizten Glasvorbau auf der Südseite, ein Anlehngewächshaus, wie so ein Vorbau heute genannt wird, schon im frühen Frühjahr und im Spätherbst benutzen kann. Es gibt Glas- und Stegdoppelplatten, die UV-Strahlen weitgehend durchlassen, so daß

Ein mit Rundhölzern abgestützter Hügel umgibt einen nach Süden offenen, geschützten Sitzplatz.

man sogar hinter den transparenten Wänden braun werden kann.

Vielleicht ist die Terrasse so groß, daß ein Teil als Anlehngewächshaus, der andere als offene Terrasse gestaltet werden kann. Oder ist eine Pergola gemütlicher? Der Kinderspielplatz sollte möglichst vom Küchenfenster zu überblicken sein, falls kleinere Kinder ihn benutzen.

Auch ein kleines Beet für jedes Kind ist einzuplanen, denn meist hegen Kinder spätestens dann den Wunsch, selbst zu säen, zu gießen und zu ernten, wenn sie die Erwachsenen bei diesen Gartenarbeiten erleben.

Wichtig ist auch, daß die Kräuterecke nicht weit vom Haus eingerichtet wird und trockenen Fußes zu jeder Jahreszeit erreicht werden kann.

Ganz besonders wichtig ist die Hecke, die den Garten nicht nur nach außen abgrenzt, sondern auch nach innen eine schützende Hülle werden soll. Durch eine Hecke wird das alle Lebewesen im Garten begünstigende Kleinklima geschaffen, der Austausch zwischen Kälte und Wärme harmonisiert. In ebenem baum- und strauchlosem Gelände vermindert eine Hecke die Windgeschwindigkeit bis zu 60%, während der Ertrag von angelegten Obst- und Gemüsekulturen um 20% gesteigert wird.

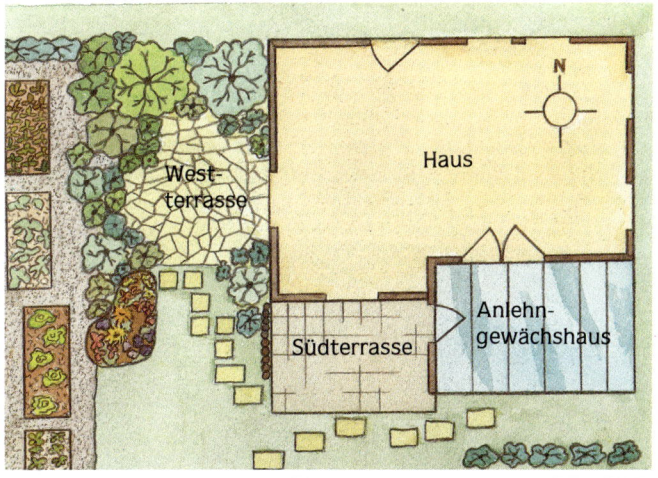

Ein Vorschlag für die Terrassengestaltung mit Teilverglasung.

Der Kompostplatz

Im großen Garten sollten Kompostplatz und Gerätehaus von allen Gartenbereichen schnell erreichbar in der Mitte des Gartens liegen, im kleineren Garten dagegen in einer Ecke am Zaun. Vielleicht kann im kleineren Garten aber auch das Gerätehaus mit einer Seite den Schutz für die Terrasse bilden und im Winter auch die Gartenmöbel beherbergen. Für Gartenmöbel gibt es oft kein Winterquartier, vor allem nicht im Reihenhausgarten. Ausgerechnet da ist aber auch der Platz im Keller nicht unerschöpflich. Eine Teilüberdachung der Terrasse ist in solch einem Fall vorteilhaft.

Die Größe des Kompostplatzes hängt von der Größe des Gartens ab. Für 100 m² Gartenfläche ergibt sich eine Fläche für den Kompost von etwa 4 m², wenn man die nötigen 2–3 cm Komposterde jedes Jahr auf die Gartenfläche aufbringen will.

Der Kompostplatz muß neben den Komposthaufen aber auch noch eine Wasserzapfstelle mit Wasserauffangbecken und eine Stelle, an der man die reife Komposterde durchsieben kann, beherbergen. Er sollte von Sträuchern umgeben sein, die ihn gegen Sonneneinstrahlung und Wind schützen.

Besonders gut eignet sich für große Gärten eine freiwachsende Hecke aus Haselnußsträuchern, Trauben- oder Tellerholunder, in kleineren Gärten Brombeer- oder Himbeerspaliere, die nicht viel Platz einnehmen. Obstbäume dagegen gedeihen nicht gut in der Nähe von Kompoststätten. Auf Feldahorn in der Nähe von Kompost sind Läuse beobachtet worden. Der Boden an Komposthaufen oder -mieten ist ihm sicher zu nahrhaft.

Auch Rankgerüste können einen Kompostplatz schützen. Sie beanspruchen wenig Platz und dienen als Stützgerüst für Kletter- und Schlingpflanzen.

Für sehr kleine Gärten sind Kompostsilos von Vorteil, die geschlossen sind, Luftschlitze oder -löcher aufweisen, durch ihre geschlossene Form von der Sonne rasch erwärmt werden und die Wärme lange halten. Manche Fabrikate sind innen wärmeisoliert. Durch diese raumsparenden Silos

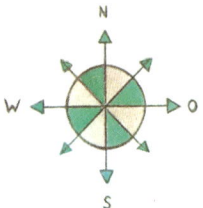

Ausschnitt aus einem größeren Nutzgarten mit in der Mitte gelegenem Kompostplatz, der durch Hecken begrenzt wird. Die Hecken im Norden und Süden sind für etwa 80 cm breite Plattenwege durchbrochen, im Westen befindet sich ein schmaler Zugang zur Wasserstelle. Besonders nach Westen ist der Kompostplatz zusätzlich durch Hecken und Beerensträucher im Garten gegen

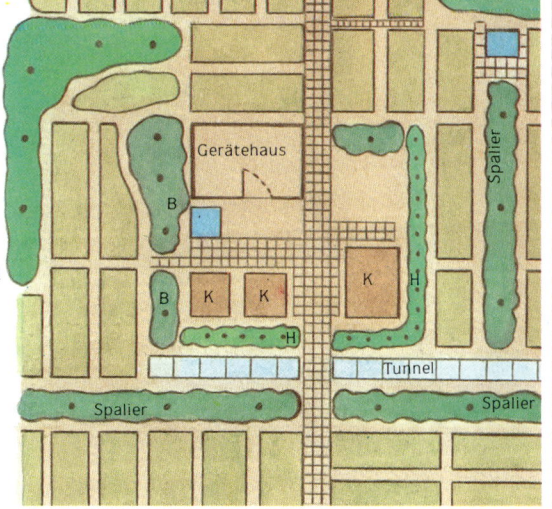

Wind und Sicht (Wohnhaus liegt im westlichen Teil des Gartens) geschützt (B = Beerensträucher, H = Himbeerhecken, K = Kompostsilos, Kompostmiete).

Geschlossener Thermokomposter.

Holzsilo, von Holunder leicht beschattet.

erübrigt sich die umgebende Hecke, weil die Silos die werdende Komposterde selbst gegen Wind, zu viel Sonne und Regengüsse schützen. Es gibt diese Silos aus Kunststoff, Folie und Metall.

Der vielleicht gar nicht zu erübrigende Arbeitsplatz zum Durchsieben des fertigen Komposts kann ein Stück Rasen oder ein breiterer Weg sein. Um diesen mit der Komposterde nicht zu verschmutzen, breitet man unter dem Durchwurfsieb eine Folie aus. Es gibt auch kleinere Siebe, die auf eine Schubkarre passen.

Man sollte darauf achten, daß dem Silo von unten Komposterde entnommen werden kann, dann läßt sich jederzeit von oben zerkleinerter Abfall einfüllen und unten Mulchoder Reifekompost entnehmen.

Beim Mulchkompost sind noch nicht alle Stoffe restlos in Humus verwandelt. Die Bodenorganismen haben sich noch nicht aus dem Kompost zurückgezogen, da sie noch genügend Nahrung vorfinden. Dieser unfertige Kompost ist geradezu ein Bodenimpfmittel, der den Boden ungemein belebt, wenn man ihn auf den Oberboden aufstreut und allerhöchstens etwas mit der obersten Bodenschicht vermischt. Gleichzeitig dient dieser halbfertige Kompost als Bodenbedeckung.

Wege

Jeder Garten braucht breitere und schmalere Wege, damit einerseits keine Pflanzen beschädigt werden, der Boden andererseits nicht überall verdichtet wird und man außerdem bei schlechtem Wetter nicht mit Erdklumpen an den Schuhen und nassen Füßen aus dem Garten kommt.

Die einfachste Form des Weges ist der Trampelpfad, der sich bald ergibt, wenn man immer dieselben Stellen abgeht. Der Trampelpfad hat aber alle oben erwähnten Nachteile. Besser ist es da schon, wenn man Kies streut oder Rindenmulch, eine grob zerkleinerte Baumrinde. Sowohl von Kies als auch von Rindenmulch läuft Regenwasser ab. Die Schritte werden gewichtsmäßig auf den Untergrund verteilt, so daß sich der Boden darunter nicht zu sehr verdichtet.

Will man wetterfestere Wege haben, was vor allem bei breiten Hauptwegen zu empfehlen ist, dann belegt man einen Unterbau aus Kies mit Natursteinpflaster, Klinkern oder Kunststeinplatten. Letztere sind oft 50 x 50 cm und dann so schwer, daß sie von einer Person beim Wegebau nur schwer zu bewältigen sind. Ist der Untergrund nicht fachmännisch vorbereitet, brechen sie leicht.

Unregelmäßige Wege aus Baumscheiben und Wege mit Holzrostsystemen sehen zwar sehr dekorativ aus, sollten aber nicht kesseldruckimprägniert sein, sondern vorher mit einem umweltfreundlichen Holzschutzmittel gestrichen werden. Aber selbst kesseldruckimprägniert sind sie nicht so dauerhaft wie Steine oder Ziegel. Holz wird mit der Zeit rutschig. Bei anhaltendem Regenwetter sind Wege aus Holz deshalb gefährlich.

Mauern und Treppen

Böschungen und Hanglagen sind für einen Garten nicht günstig, wenn sie im ursprünglichen Zustand belassen werden. Leicht abfallende Hügel innerhalb eines Beetes im Ziergarten, die aber dann verteilt Trittsteine haben müssen, damit der Boden nicht durch Tritte verdichtet wird, können sehr dekorativ wirken. Der Pflanzenanbau an steileren Hängen hat jedoch Nachteile.

Vor allem wäscht der Regen die Nährstoffe schneller aus dem Boden aus als auf ebener Fläche. Erosion ist die Folge. Gieß- und Regenwasser läuft ab und fehlt den Pflanzen.

Mit Stützmauern kann man sich Hochbeete bauen, die eine leichte Neigung zur Sonne haben können, so daß die Sonneneinstrahlung besonders günstig ist.

Trockenmauern bestehen aus lose aufgeschichteten Natursteinen. Ihre Lücken und Spalten bilden Lebensraum für Pflanzen und Tiere, beispielsweise für die selten gewordene Mauereidechse. Eine solche Trockenmauer kann 50 cm Höhenunterschied abfangen, wenn sie ein wenig schräg gegen den Hang angelegt wird.

Aber auch Stützmauern aus kleineren Betonelementen sind noch recht umweltfreundlich und unverwüstlich. U-Betonsteine und Winkelsteine lassen es zu, daß mit Erde gefüllte Zwischenräume entstehen, die bepflanzt werden können.

Stützmauern aus Holz sind nicht so haltbar wie solche aus Stein oder Beton, aber das natürliche Material Holz hält doch immerhin jahrelang. Wenn es vor dem Bau mit einem guten ungiftigen Holzschutzmittel gestrichen wird und dort, wo die Erde das Holz unmittelbar berührt, noch eine Folie als Schutz erhält, kann man viele Jahre seine Freude an Holz haben.

Treppen sollten möglichst nur in der senkrechten Wand mit Holz ausgestattet werden. Auf der Trittfläche ist es in Regenzeiten und im Winter wegen der Rutschgefahr ungeeignet. Das gleiche gilt für Bahnschwellen. Alle Arten von Natur- oder Kunststeinen sind geeigneter.

Solche Wege und Treppen sind fast ohne unerwünschten Bewuchs. Hier und da ein Kräutlein in den Spalten zwischen zwei Steinen machen den Garten wohnlicher und natürlicher, als wenn alle Wege ohne jeglichen Bewuchs sind.

Eine kleine Mauer aus U-Betonsteinen wird angelegt.

Mauer aus Winkelsteinen. Die Winkelsteine stehen, weil ihr waagerechter Fuß mit Erde beschwert ist.

Treppe mit Deckplatten und begrünte Terrassenmauer.

Schöllkraut, eine Heilpflanze im Ziergarten.

Der Ziergarten

Im biologisch bearbeiteten Garten ist der Ziergarten nie ausschließlich Zierpflanzen vorbehalten. Da gedeihen schon immer sonnenhungrige Kräuter im Steingarten, Sonnenblumen als Sichtschutz neben dem Komposthaufen, Obstbäume zwischen Blumenrabatten, Wein rankt neben Kletterrosen an der Pergola hoch.

Alles verbindet im biologischen Garten der Zustand und die Bearbeitung des Bodens. Im Ziergarten wird der Boden nicht anders behandelt als im Gemüse- und Obstgarten: Kompost, Bodenbedeckung und Kräuterjauchen sind auch hier die Voraussetzung für gesundes Wachstum.

Der biologisch orientierte Gartenliebhaber denkt seit einigen Jahren anders über seinen Ziergarten. In alten Zeiten trotzten die Menschen den Garten dem Urwald ab, dem natürlichen Pflanzenwuchs, der nie vorher einen menschlichen Eingriff durchgemacht hatte. Der Garten war ein Bereich, in dem sich der Mensch aufhalten, bequeme Wege gehen konnte und nicht von wilden Tieren angefallen wurde. Auch deshalb lagen

Schloß- und Burggärten innerhalb der Befestigungsmauern; Klostergärten waren in die Bauten des Klosters einbezogen; die mittelalterlichen Gärten der Handwerker und Bürger befanden sich innerhalb der Stadtmauern.

Je mehr sich jedoch der Verlust an Natur bemerkbar macht, desto häufiger empfindet der Gartenbesitzer seinen Garten und damit auch seinen Ziergarten als schützenden Bereich für immer seltener in der Natur vorkommende Pflanzen und Kleintiere.

Der Ziergarten mit kurz geschnittenem Rasen, in dem kein Kräutlein wachsen darf, mit Rhododendron und Azaleen, ab und zu einem größeren Stein, an der Stelle vorsorglich geplant, und Blumenrabatten voller blühender Blumen ist nicht mehr das einzige Ideal für umweltbewußte Gartenfreunde.

Da gibt es Vielfalt wie noch nie. Teile des Ziergartens werden zum Naturgarten. Dort wird der Rasen zur Wiese. Wildkräuter bilden Gruppen in der Wiese. Holunderbüsche, wilde Rosen und Ebereschen stehen im Hintergrund eines Edelrosenbeetes.

Der bisher übliche Ziergarten wird mit dem

Naturgarten gemischt, damit selten gewordene Kräuter und Tiere, für die kaum noch irgendwo Platz ist, im Naturgartenteil einen kleinen Raum zum Überleben finden. Wenn man etwas Geduld hat, braucht man die Kräuter nicht auszusäen, die Tiere nicht auszusetzen. Sie kommen von selbst, wenn man sie gewähren läßt.

Aber auch der Naturgarten braucht eine gewisse Pflege; er ist, genauer gesagt, nur ein naturnaher Garten. Will man bestimmte Pflanzen ansiedeln, bedarf es auch eines ganz auf diese Pflanzen abgestimmten Bodens. Sträucher und Bäume müssen auch im Naturgarten ab und zu ausgelichtet, das Gras muß 2mal im Jahr gemäht und der Weiher vor dem Verlanden bewahrt werden.

Die Übergänge zum Ziergarten kann man mit einheimischen Blütenpflanzen schaffen, die den Wildkräutern noch verwandt sind, oder man bepflanzt den Ziergarten überhaupt mit nahen Verwandten der Wildkräuter. Lupinen bilden farbenreiche Gruppen, Margeriten leuchten weiß, Rittersporn streckt seine langen Blütenrispen gen Himmel, Thymian deckt den Boden ab und erfüllt die Luft mit eigenartiger Würze, Glockenblumen und Fingerhut, Vergißmeinnicht und Maßliebchen (Gänseblümchen) bezeugen die sommerliche Fülle.

Im Ziergarten selbst hat man ebenfalls viele Möglichkeiten. Mehrjährige Stauden wechseln mit ein- und zweijährigen Blumen. Man kann darauf achten, daß während der Vegetationszeit ständig einige Arten blühen. Dabei berücksichtigt man sich gegenseitig fördernde Pflanzen.

Nützliche Pflanzengemeinschaften

So vertreibt Lavendel Ameisen und Läuse von Rosen. Aber auch neben anderen Pflanzen sollte man Lavendel ausprobieren. Man kann bei Verlausung von Sträuchern Lavendelsträußchen in die Zweige hängen. So mancher Gartenbesitzer meldete, daß die Läuse bereits am nächsten Tag verschwunden waren. Es ist ja auch bekannt,

daß Motten es nicht in Kleiderschränken aushalten, wenn Lavendelsträußchen oder Lavendelkräuterkissen im Schrank an mehreren Stellen untergebracht werden. Selbst der verblühte Lavendel tut noch gute Dienste. Wenn man die Blütenstengel abschneidet, sollte man sie nicht wegwerfen, sondern gegen Läuse, Motten und Ameisen aufbewahren.

Tagetes, Calendula und Kamille sorgen für die Reduzierung von Wurzelälchen (Nematoden), die Wurzeln abfressen, wenn sie in Massen auftreten.

Kapuzinerkresse wird gern unter Obstbäume gepflanzt, aber auch an anderen Stellen im Garten ist sie nützlich, weil sie Blutläuse vertreibt und die schwarze Bohnenblattlaus anzieht. Dadurch zieht sie diese Läuse von anderen Pflanzen ab, denen sie schaden, während sie zwar auf Kapuzinerkresse sitzen, dieser Pflanze aber nichts antun.

Ameisen gehen auch nicht in die Nähe von Majoran und Geranien. Letztere halten auch Fliegen fern, deshalb stehen sie nicht nur wegen ihrer Schönheit vor Fenstern.

In der Umgebung von Walnußbäumen halten sich Fliegen ebenso ungern auf. Hat man sein Haus und seinen Garten auf dem Land in der Nähe von Viehställen, sollten aus diesem Grund die schönen Nußbäume nicht fehlen.

Rainfarn und Basilikum halten gleichfalls Fliegen ab.

Geranien als Fliegenschutz.

Erdraupen und kleine Kohlfliegen halten nichts von Farnkraut. Hat man es nicht im Garten, weil es nur im Schatten gedeiht, dann kann man gefährdete Stellen im Garten mit gepflücktem Farnkraut mulchen.

Gegen Wühlmäuse pflanzt man über den Garten verteilt, also auch im Ziergarten, Rote Kaiserkronen, Hundszunge, die Narzisse »La Riante« und Wolfsmilch.

Diese günstige Wirkung der einen Pflanzen auf andere und auch der Pflanzen auf den Boden beruht auf Ausscheidungen der Pflanzen, durch die sie Pflanzen fördern, den Boden gesunden lassen und bestimmte Tiere vertreiben. In der Phytonzid-Forschung ist noch viel zu entdecken. Eigene Experimente sind überall sinnvoll.

Zwiebelgewächse, also Lauch, Zwiebel, Schnittlauch oder Knoblauch, fördern übrigens die Blühfreudigkeit von Zierpflanzen. Man sollte sich nicht scheuen, unter Rosen beispielsweise Knoblauch zu ziehen.

Rasen und Blumenwiese

Noch vor gar nicht allzu langer Zeit gab es im Garten neben Beeten, Sträuchern und Bäumen nur den Rasen: sattgrün, kurz geschnitten, weich wie ein Teppich im Wohnzimmer und wehe, wenn in dem gestutzten Einheitsgrün plötzlich ein Farbtupfer aufbegehrte. Gänseblümchen, die gelben Blüten des Löwenzahn, Margeriten, die violetten Lippenblüten des Salbei, die blauen Glöckchen von Glockenblumen, sie und viele andere Kräuter hatten im Rasen nichts zu suchen und wurden ausgemerzt.

Heute wollen viele Gärtner ihren ökologischen Beitrag leisten. Die Blumenwiese ist eine Möglichkeit, Arten- und Umweltschutz zu betreiben. Aber man muß sich nicht zwischen Rasen und Blumenwiese entscheiden, denn man kann beides in seinem Garten anlegen. Für Ballspiele, Gymnastik und zum Lagern eignet sich ein Rasen besser als eine Blumenwiese, weil lange Gräser und hochgewachsene Kräuter sich nicht so schnell wieder aufrichten. Dafür muß ein Rasen oft gemäht werden, in den wachstumsstarken Zeiten Mai bis Juni und September jede Woche. Aber auch das sollte jeden Gärtner freuen, denn Rasenschnitt eignet sich gut zum Mulchen.

Die Blumenwiese bringt andere Freuden. Viele der von der Ausrottung bedrohten Pflanzen-, Insekten- und Vogelarten gehören der Lebensgemeinschaft Blumenwiese an. Die Artenvielfalt solch einer Ökowiese ist nicht nur schön anzusehen, sie ist auch die Voraussetzung dafür, daß sich viele Insekten und Vögel einfinden, die sonst so gut wie keinen Lebensraum mehr in unserer einheitsgrünen Nutzpflanzenlandschaft haben.

Da springt und zirpt und piepst und summt und singt es bald und macht einen wißbegierig. Es gibt wieder Zitronenfalter, Pfauenauge und eine Reihe anderer, längst vergessener Schmetterlinge, Grillen, Heuschrecken, Bienen, Hummeln und Spinnen. Viele Insekten bedeuten auch einen reichgedeckten Tisch für viele Vogelarten. So tauchen auf der Blumenwiese wieder Vögel auf, die ebenfalls lange schon nicht mehr zu sehen und zu hören waren. Auch die Samen auf einer solchen Blumenwiese haben es den Vögeln angetan. Im Winter braucht man sie nicht mehr zu füttern, denn die Blumenwiese hat einen viel reichhaltigeren Vorrat für unsere pickenden Freunde als jedes Vogelhäuschen.

Und noch ein Vorteil: Samen von der Blumenwiese verbreiten keine Krankheitskeime. Selbst bei hohem Schnee ist für die Vögel auf einer Blumenwiese, unter Bäumen und Sträuchern, wo der Schnee nur eine dünne Decke bildet, der Tisch noch reich gedeckt.

Wer die Vögel beobachtet, erfährt eine Menge Dinge, ohne in ein Buch zu schauen, und weiß vieles, was nirgendwo erfahrbar ist. Im Herbst ist beispielsweise plötzlich die ganze Wiese voller Stare. Sie wissen merkwürdigerweise genau, wo sie sich vor ihrem Zug in den Süden noch einmal richtig satt essen können. Erscheinen sie früh im

Herbst, dann folgen bald Kälte und Schnee, bevölkern sie spät die nahrhafte Wiese, setzt auch der Winter erst spät ein. Im Frühling spielt sich das gleiche in umgekehrter Reihenfolge ab: früh zurückkehrende Zugvögel, frühzeitiger Frühling.

Auch andere Zugvögel kommen im Frühling aus dem Süden zurück. Man kann sie dann gut beobachten, weil die Büsche und Bäume spärliche Ansätze von Laub haben. Um sie auch in der Brutzeit unterscheiden zu können, wo sie sich kaum blicken lassen, ist es gut, ihren Gesang zu kennen. In den kahlen Ästen im April kann man sie noch beim Singen beobachten. Es gibt aber auch Schallplatten und Tonbänder, von denen man lernen kann, wie die verschiedenen Vögel singen.

Manche Vögel bleiben zur Brut in unseren Hecken, so Hausrotschwänzchen oder Mönchsgrasmücke. Andere – wie der Zilpzalp – verschwinden zum Brüten in den Wäldern.

Die Kräuterarten und die Vielfalt der Pflanzen auf einer Blumenwiese im Garten hängen vom Standort und den Bodenverhältnissen ab. Entscheidend ist auch der Wasserhaushalt, der bestimmt, welche Blumen blühen. Er ist jedoch nur unter großem technischen Aufwand zu beeinflussen. Hat man allerdings eine feuchte Stelle im Garten, zeigt das an, daß der Grundwasserspiegel nicht sehr tief liegen kann. Dann gräbt man an dieser Stelle ein Loch. Sammelt sich nicht zu tief unter der Erdoberfläche Wasser, kann man sich einen Teich graben, in den man höchstens in einem heißen, regenarmen Sommer Wasser nachfüllen muß. Sonst ist er immer gefüllt. Da finden sich bald Sumpfdotterblumen, Beinwell, Blutweiderich und andere wasserliebende Pflanzen ein, aber auch Molche, Kaulquappen, Wasserkäfer, -schnecken und -läufer, Unken und Kröten, unsere Schneckenvertilger.

Ein Teich im Garten verhindert auch weitgehend, daß die Vögel die Früchte anpikken. Sie tun das kaum, um Gaumenfreuden zu genießen, sondern weil sie Durst haben.

1 Spitzmaus
2 Eintagsfliege
3 Schlüpfende Großlibelle
4 Libellenlarve
5 Spitzschlamm-
   schnecke
6 Schilfrohr
7 Gelbrandkäfer jagt
   eine Kaulquappe
8 Igelkolben
9 Rückenschwimmer

10 Wasserspinne in ihrer
    »Taucherglocke«
11 Gelbbauchunke
12 Wasserhahnenfuß
13 Posthornschnecke
14 Kammolch
15 Schlammschwimmer
16 Kaulquappe
17 Sumpfcalla
18 Mosaikjungfer
    (eine Großlibelle)
19 Wasserläufer

Die umweltfreundliche Blumenwiese

Wer einen vorhandenen Rasen in eine Blumenwiese verwandeln will, wartet entweder ab, bis sich die Blumen allein einfinden, was aber Jahre dauert, oder er lockert den frisch gemähten Rasen mit einem Rasenlüftrechen (Vertikutierrechen) und einer Aerifiziergabel.

Ist die Grasnarbe zu dicht, muß man hier und da in der zukünftigen Wiese Grassoden ausstechen und lockere Erde auffüllen. An diesen Stellen sät man Kräutersamen ein, die es im Handel speziell für Blumenwiesen zu kaufen gibt. Von diesen Stellen breiten sich die Kräuter aus.

Auch Blumenzwiebeln können im Herbst in der Wiese verteilt gesteckt werden. Diese werden sich gut entwickeln, weil die Wiese nicht gemäht wird. Die Krokusse und Narzissen können gut einziehen, wie der Fachmann sagt.

Bei einer neuangelegten Blumenwiese dauert es einige Jahre, bis sich eine stabile Pflanzengemeinschaft gebildet hat, aber Blumen blühen von Anfang an, vom Frühling bis zum Herbst. Allerdings verschwinden einige der ausgesäten Kräuter schon im nächsten Jahr, weil sie nicht den Boden vorfanden, den sie brauchen. Dafür tauchen andere Pflanzen auf. Es sind die sogenannten Zeigerpflanzen, die dem Kundigen sagen, welcher Boden zur Verfügung steht. Ein Grundstück läßt sich also auch auf diese Weise auf seine Bodenart hin untersuchen.

Legt man eine Wiese neu an, muß der Boden für die Aussaat von Gräsern und Kräutern locker sein. Nach dem Einsäen (auf 100 m² Fläche 1 kg Samen) wird der Samen angedrückt und 6 Wochen lang feucht gehalten, dabei wird das Wasser fein versprüht. Niemals den harten Wasserstrahl direkt auf die Fläche richten. Die ausgewachsene Blumenwiese braucht kein Wasser aus dem Gartenschlauch mehr.

Blumenwiesen werden nur ein- oder zweimal im Jahr gemäht, das erste Mal im Juni oder Juli und das zweite Mal Ende September oder im Oktober. Wer nicht mit der Sense mähen kann, braucht einen zweirädrigen Balkenmäher, mit dem man nicht zu große Mühe hat, auch hohes Gras zu mähen. Das Gras der Blumenwiese kann man zum Mulchen unter Obstbäumen, Beerensträuchern und Ziergehölzen verwenden oder im Komposthaufen verarbeiten. Auf keinen Fall darf man Grasschnitt von der Blumenwiese zum Mulchen von Gemüsebeeten benutzen, weil zu viele Samen enthalten sind.

Braucht man einen Weg durch die Blumenwiese, um beispielsweise an Gemüsebeete heranzukommen, wird am besten ein mähmaschinenbreiter Weg gemäht. Man verlegt ihn ab und zu, damit sich kein Trampelpfad bildet. Die zweite Möglichkeit stellt ein mit Steinplatten belegter Weg dar, den man auch im Winter begehen kann.

Blumenwiesen dürfen und brauchen auch nicht gedüngt zu werden. Jede Düngung würde das Gleichgewicht in der Pflanzengemeinschaft stören. Die Blumenwiese düngt sich selbst. Nirgendwo entstehen so dauerhafte Ton-Humus-Komplexe wie unter Gras, denn Gräser werfen jedes Jahr ein Mehrfaches ihres Gewichts an Haarwurzeln ab. Diese Wurzeln enthalten die wichtigen Polyuronide, die dem Boden durch Umsetzung zugänglich werden. Die fruchtbare Schicht unter Gras wird mit den Jahren immer dicker. Wird also ein Stück der Blumenwiese nach einigen Jahren in Gemüsebeete umgewandelt, findet man unter dem Gras eine beträchtliche Humusschicht.

Rote Taubnessel zeigt Humus an.

Zeigerpflanzen

Feuchter Boden

Ackerhundskamille (ANTHEMIS ARVENSIS), Ackerminze (MENTHA ARVENSIS), Ampferknöterich (POLYGONUM LAPATHIFOLIUM), Beinwell (SYMPHYTUM OFFICINALE), Binse (SCIRPUS), Blutweiderich (LYTHRUM SALICARIA), Gänsefingerkraut (POTENTILLA ANSERINA), Gundermann (GLECHOMA HEDERACEA), Kriechender Hahnenfuß (RANUNCULUS REPENS), Sumpfdotterblume (CALTHA PALUSTRIS), Sumpfschachtelhalm (EQUISETUM PALUSTRE), Sumpfziest (STACHYS PALUSTRIS), Waldschachtelhalm (EQUISETUM SYLVATICUM), Waldsumpfkresse (RORIPPA SYLVESTRIS), Weiches Honiggras (HOLCUS MOLLIS).

Garekranker Boden (enthält keine Bodenorganismen)

Mutterkraut (MATRICARIA PERFORATA), Knöterich (POLYGONUM), Quecke (AGROPYRON).

Humus, gute Bodengare

Ackerhellerkraut (THLASPI ARVENSE), Ackerröte (SHERARDIA ARVENSIS), Echte Kamille (CHAMOMILLA RECUTITA), Efeublättriger Ehrenpreis (VERONICA HEDERAEFOLIA), Erdrauch (FUMARIA OFFICINALIS), Große Brennessel (URTICA DIOICA), Kleinblättriges Franzosenkraut (GALINSOGA PARVIFLORA), Kleine Brennessel (URTICA URENS), Klettenlabkraut (GALIUM APARINE), Persischer Ehrenpreis (VERONICA PERSICA), Rote Taubnessel (LAMIUM PURPUREUM), Schwarzer Nachtschatten (SOLANUM NIGRUM), Vogelmiere (STELLARIA MEDIA), Weißer Gänsefuß (CHENOPODIUM ALBUM).

Kalireicher Boden

Bärenklau (HERACLEUM STEVENII), Roter Fingerhut (DIGITALIS PURPUREA).

Kalkarmer Boden

Ackerhundskamille (ANTHEMIS ARVENSIS), Ackersenf (SINAPIS ARVENSIS), Adlerfarn (PTERIDIUM AQUILINUM), Aufrechter Sauerklee (OXALIS FONTANA), Einjähriges Knäuel (SCLERANTHUS ANNUUS), Feldbeifuß (ARTEMISIA CAMPESTRIS), Ackerspark (SPERGULA ARVENSIS), Fingerehrenpreis (VERONICA TRIPHYLLOS), Gewöhnliches Stiefmütterchen (VIOLA TRICOLOR), Hühnerhirse (ECHINOCHLOA CRUSGALLI), Kleiner (Sauer-)Ampfer (RUMEX ACETOSELLA), Pechnelke (LYCHNIS VISCARIA), Silbergras (CORYNEPHORUS CANESCENS), Weiches Honiggras (HOLCUS MOLLIS), Wucherblume (CHRYSANTHEMUM LEUCANTHEMUM).

Kalkreicher Boden

Ackerglockenblume (CAMPANULA RAPUNCULOIDES), Ackerröte (SHERARDIA ARVENSIS), Echter Gamander (TEUCRIUM CHAMAEDRYS), Futteresparsette (ONOBRYCHIS VICIIFOLIA), Huflattich (TUSSILAGO FARFARA), Kleiner Wiesenknopf (SANGUISORBA MINOR), Kleine Wolfsmilch (EUPHORBIA EXIGUA), Leinkraut (LINARIA VULGARIS), Löwenzahn (TARAXACUM OFFICINALE), Ringelblume (CALENDULA OFFICINALIS), Rittersporn (DELPHINIUM CONSOLIDA), Roter Gauchheil (ANAGALLIS ARVENSIS), Sommerteufelsauge (ADONIS AESTIVALIS), Wegwarte (CICHORIUM INTYBUS), Wiesensalbei (SALVIA PRATENSIS).

Lehm

Ackerhahnenfuß (RANUNCULUS ARVENSIS), Ackerkratzdistel (CIRSIUM ARVENSE), Ackerröte (SHERARDIA ARVENSIS), Echte Kamille (CHAMOMILLA RECUTITA), Einjähriges Bingelkraut (MERCURIALIS ANNUA), Futteresparsette (ONOBRYCHIS VICIIFOLIA), Große Flockenblume (CENTAUREA SCABIOSA), Herbstzeitlose (COLCHICUM AUTUMNALE), Huflattich (TUSSILAGO FARFARA), Kleiner Wiesenknopf (SANGUISORBA MINOR), Klettenlabkraut (GALIUM APARINE), Löwenzahn (TARAXACUM OFFICINALE), Persischer Ehrenpreis (VERONICA PERSICA), Schwarzer Nachtschatten (SOLANUM NIGRUM), Wegwarte (CICHORIUM INTYBUS), Wiesenfuchsschwanzgras (ALOPECURUS PRATENSIS), Wiesensalbei (SALVIA PRATENSIS), Wilde Möhre (DAUCUS CAROTA).

Magnesiumreicher Boden
Gamander (TEUCRIUM CHAMAEDRYS), Roter Fingerhut (DIGITALIS PURPUREA), Stinkende Nieswurz (HELLEBORUS FOETIDUS).

Nährstoffreicher Boden (stickstoffreich)
Ackerhellerkraut (THLASPI ARVENSE), Einjähriges Bingelkraut (MERCURIALIS ANNUA), Erdrauch (FUMARIA OFFICINALIS), Große Brennessel (URTICA DIOICA), Hirtentäschelkraut (CAPSELLA BURSA-PASTORIS), Kleinblättriges Franzosenkraut (GALINSOGA PARVIFLORA), Kleine Brennessel (URTICA URENS), Klettenlabkraut (GALIUM APARINE), Melde (ATRIPLEX PATULA), Schwarzer Nachtschatten (SOLANUM NIGRUM), Weißer Gänsefuß (CHENOPODIUM ALBUM), Weiße Taubnessel (LAMIUM ALBUM).

Salziger Boden
Löffelkraut (COCHLEARIA OFFICINALIS), Salzbinse (JUNCUS GERARDII), Stranddistel (ERYNGIUM MARITIMUM), Stranddreizack (TRIGLOCHIN MARITIMA).

Sandiger Lehm (trocken und verdichtet)
Bingelkraut (MERCURIALIS ANNUA), Echte Kamille (CHAMOMILLA RECUTITA), Huflattich (TUSSILAGO FARFARA), Ruprechtskraut (GERANIUM ROBERTIANUM).

Sand
Einjähriges Knäuel (SCLERANTHUS ANNUUS), Feldbeifuß (ARTEMISIA CAMPESTRIS), Hasenklee (TRIFOLIUM ARVENSE), Kleinblütige Königskerze (VERBASCUM THAPSUS), Kleiner Vogelfuß (ORNITHOPUS PERPUSILLUS), Königskerzen-Arten (VERBASCUM), Pechnelke (LYCHNIS VISCARIA), Saatwucherblume (CHRYSANTHEMUM SEGETUM), Sandmohn (PAPAVER ARGEMONE), Silbergras (CORYNEPHORUS CANESCENS), Vogelmiere (STELLARIA MEDIA).

Sauberes Wasser
Brunnenkresse (NASTURTIUM OFFICINALE), Wasserehrenpreis (VERONICA ANAGALLIS-AQUATICA)

Saurer Boden
Ackerziest (STACHYS ARVENSIS), Gelber Hohlzahn (GALEOPSIS SEGETUM), Gewöhnliches Stiefmütterchen (VIOLA TRICOLOR), Hederich (RAPHANUS RAPHANISTRUM), Stechpalme (ILEX AQUIFOLIUM), Waldehrenpreis (VERONICA OFFICINALIS), Weiches Honiggras (HOLCUS MOLLIS), Wollgras (ERIOPHORUM).

Stickstoffarmer Boden
Aufrechter Ziest (STACHYS RECTA), Besenginster (CYTISUS SCOPARIUS), Frühlingshungerblümchen (EROPHILA VERNA), Hornkraut (CERASTIUM), Mauerpfeffer (SEDUM ACRE).

Ton (schwerer Boden)
Ackerminze (MENTHA ARVENSIS), Ackerschachtelhalm (Katzenschwanz, Zinnkraut) (EQUISETUM ARVENSE), Feldrittersporn (DELPHINIUM CONSOLIDA), Gänsefingerkraut (POTENTILLA ANSERINA), Kriechender Hahnenfuß (RANUNCULUS REPENS), Löwenzahn (TARAXACUM OFFICINALE), Sommerteufelsauge (ADONIS AESTIVALIS).

Trockener Boden
Ackerziest (STACHYS ARVENSIS), Färberhundskamille (ANTHEMIS TINCTORIA), Feldbeifuß (ARTEMISIA CAMPESTRIS), Graukresse (BERTEROA INCANA), Große Fetthenne (SEDUM TELEPHIUM), Schmalblättriger Hohlzahn (GALEOPSIS ANGUSTIFOLIA), Sichelmöhre (FALCARIA VULGARIS), Silbergras (CORYNEPHORUS CANESCENS), Wegwarte (CICHORIUM INTYBUS), Wiesensalbei (SALVIA PRATENSIS).

Verdichteter Boden
Ackerkratzdistel (CIRSIUM ARVENSE), Ackerfuchsschwanzgras (ALOPECURUS MYOSUROIDES), Großer Ampfer (RUMEX ACETOSA), Großer Wegerich (PLANTAGO MAJOR), Spitzwegerich (PLANTAGO LANCEOLATA), Strahllose Kamille (CHAMOMILLA SUAVEOLENS).

Wasser im Garten

Zapfstellen bei der Anlage eines Gartens einzurichten, die Wege sparen, ist eine Selbstverständlichkeit; denn jeder weiß, daß sie für die junge Saat und frische Pflanzungen dringend gebraucht werden. Aber auch wenn die Pflanzen angewachsen sind, werden Wasserzapfstellen bei extremer Trockenheit nicht überflüssig.

Weniger bekannt ist, wie nützlich eine Tonne oder ein gemauertes Becken unter der Zapfstelle ist. Nicht nur, daß das Wasser von tropfenden Zapfstellen aufgefangen wird, man hat auch immer abgestandenes Wasser zur Verfügung, das man noch verbessern kann, wenn man mit Torf gefüllte Säckchen in das Wasser hängt. Das Wasser wird dadurch enthärtet, was meist nötig ist. Eine genaue Analyse des Leitungswassers erfährt man beim zuständigen Wasserwerk.

Zapfstelle mit Wasserbecken, Torfsäckchen zur Verbesserung des Wassers und gefüllten Gießkannen.

Die Wasserzapfstelle auf dem Kompostplatz ist schon erwähnt worden. Sie sollte unbedingt ein Auffangbecken oder eine Tonne haben, denn gerade die Bodenorganismen im Kompost haben etwas gegen kaltes Leitungswasser. Es ist nicht nur zu kalt für diese lebendigen Organismen, sondern auch tot, wenn auch chemisch verhältnismäßig rein. Jeder Sonnenstrahl, der in das Auffangbecken fällt, jeder Windhauch, der den Wasserspiegel kräuselt, belebt das Wasser. Auch ab und zu einmal eine Gabe Biosmon verbessert das Leitungswasser. Es gibt ihm wieder Spannkraft.

Je mehr Wasserauffangbecken oder Wassertonnen man im Garten anlegt, desto besser ist es für die Pflanzen und für den eigenen Rücken, denn Gießkannen sind schwer.

Gießkannen gehören zum unbedingt nötigen Handwerkszeug eines jeden Gärtners. Sie sollten in mehreren Größen angeschafft werden, denn junge Saat muß mit einer kleineren Gießkanne gezielt und mit sanftem Strahl gegossen werden, während größere Kannen mit ihrem größeren Fassungsvermögen Wege sparen. Gießkannen hängt man neben jeder Zapfstelle auf, wozu sich ein kräftiger abgesägter Ast mit

Regenwassersammler und -tonne.

Bewässerungssystem.

kurzen abgesägten Seitenästen gut als Haken eignet, den man in den Boden einschlägt. Zumindest das Stück, das in die Erde kommt, sollte mit Firnis behandelt werden, weil Holz rasch fault. Man kann die Gießkannen aber auch mit Wasser gefüllt hinstellen. So hat man noch mehr abgestandenes Wasser.

Mit einer Genehmigung kann man auch nach Wasser im Garten bohren lassen. Ein Rutengänger stellt vorher fest, wo Wasser zu finden ist.

Kostenloses Wasser läßt sich auch aus der Regenrinne gewinnen. Man kann das Wasser aus der Rinne in einen Behälter fließen lasssen. Ein Abzapfventil mit Wasserschlauch leitet das Wasser vom Regenfallrohr in die Regentonne und läßt kein Regenwasser mehr nachfließen, sobald die Tonne gefüllt ist.

Von der Wassertonne führt ein Tropfschlauch zu den Pflanzen. Dort reagieren Regler auf Feuchtigkeit und Trockenheit und bewässern die Pflanzen, wenn der Boden nicht mehr feucht genug ist.

Es gibt auch automatische Bewässerungssysteme, die direkt vom Wasserhahn der Zapfstelle bedient werden. Zwischen Zapf-

stelle und Pflanzen ist ein Wasserbehälter geschaltet, der erhöht angebracht wird. Ein Reduzierventil am Wasserhahn und ein Schwimmerventil regulieren den Wasserfluß aus dem Hahn. Der Behälter sorgt dafür, daß das Wasser abgestanden und auf die Umgebungstemperatur erwärmt zu den Pflanzen gelangt. Diesem Behälter kann man auch Flüssigdünger zusetzen. Die im Bezugsquellenverzeichnis angegebenen Bewässerungssysteme funktionieren ohne Motor, verbrauchen also auch keinen elektrischen Strom; einmal verlegt, wird viel Zeit eingespart, und die Bewässerung für die Pflanzen ist ideal.

Beregner und Schlauch sind dagegen nicht so günstig. Die Pflanzen werden, selbst wenn der Wasserstrahl im hohen Bogen und fein versprüht zu den Pflanzen kommt, mit eiskaltem Wasser schockiert. Manche Pflanzen vertragen das gar nicht, aber selbst robustere reagieren mit Schädlingsbefall und Blattkrankheiten. Außerdem werden Blüten geschädigt und stehen Bienen, Hummeln und Schmetterlingen nicht so lange zur Verfügung.

Rosen beispielsweise vertragen kalte Güsse von oben gar nicht. Echter Mehltau, Stern-

rußtau und der Zerfall der herrlichen Blüten sind nur einige der Schäden an Rosen.
Tiefe Wasserbehälter mit steilen Wänden sind für viele nützliche Tiere gefährlich. Jungvögel ohne Erfahrung und viele Kleintiere können sogar ertrinken. Dieser Gefahr begegnet man mit einem schräg ins Wasser gelegten Brett, das mit dem einen Ende auf dem Rand des Behälters aufliegt.
Für Vögel, Igel und andere durstige Kleintiere stellt man im Garten verteilt mehrere flache Wasserbecken auf, die viele unterschiedliche Tiefen haben und wenigstens an einer Seite einen flachen Rand.
Neben Eßplätzen im Garten und auf der Terrasse sollten unbedingt an sonniger Stelle flache Wasserbecken stehen. Keine noch so herrlichen Genüsse auf dem Tisch werden dann Wespen anlocken. Sie stillen ihren Durst viel lieber an dem temperierten abgestandenen Wasser.
Auch Teiche und fließende Gewässer sind für den Garten eine Bereicherung und bieten vielen Tier- und Pflanzenarten einen angemessenen Lebensraum.
Noch vor 200 Jahren gab es in Mitteleuropa reichlich Feuchtgebiete. Bäche und Flüsse suchten sich in Windungen ihren Weg durch das Land, bildeten Altwasser und hatten ein

Ein Gartenbach zur Erhaltung der Arten.

breites Flußbett, das sie bei Hochwasser überfluteten. In den Tälern drängte in regnerischen Zeiten Grundwasser an die Oberfläche. Die Eiszeiten hatten zahlreiche Seen und Teiche ohne Zuflüsse hinterlassen, die mit der Zeit verlandeten und durch Grundwasser feucht gehalten wurden.
Gerade solche Übergangsbereiche zwischen Wasser und trockenem Land haben eine artenreiche Flora und Fauna, die heute durch die Begradigung und Kanalisierung von Flüssen und Bächen und Trockenlegung von Feuchtgebieten bedroht sind.
Auf diesem Gebiet kann der Gartenbesitzer einen echten Beitrag zur Erhaltung der Arten leisten.
Selten fließt ein kleiner Bach durch den Garten. Wenn man allerdings solch ein Kleinod für einige Meter sein eigen nennt, kann man viel damit anfangen. Vor allem sollte ein Bach nicht begradigt werden. Die Ufer bekommen flache Buchten im Wechsel mit Steilhängen. An einer Stelle kann der Bach zu einem kleinen Teich erweitert werden, bei dem eine niedrige Mauer das Wasser zurückhält und ein Gefälle entsteht. Auch größere und kleinere Steine im Bach, über die das Wasser teilweise hinweggleitet, um die es manchmal auch herumwirbeln muß, tragen zur Reinigung und Verbesserung des Wassers bei.

Vogelbecken mit unterschiedlichem Niveau, damit Vögel, Insekten und andere nützliche Tiere ungehindert trinken können.

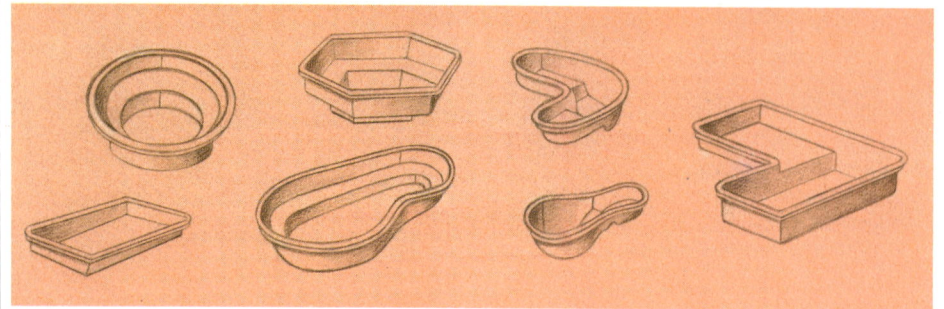

Fertigbecken in verschiedenen Formen aus Kunststoff.

Künstliche Teiche sind ebenso möglich. Von dem Teich, der sich mit Grundwasser füllt, ist schon in anderem Zusammenhang geschrieben worden. Bei Gärten, die an Hängen liegen, kann Fließwasser oberhalb einer Ton- oder lehmigen Tonschicht den Hang unter dem Oberboden hinunterströmen. Sticht man in solch einem Gelände die Erde ab, füllt sich der entstehende Teich oft sehr schnell mit Wasser. Bei Regenwetter kann er überlaufen. Für solche Zeiten legt man einen Bach an und schafft noch einen unteren Teich, von dem aus das überfließende Wasser in eine Dränage abläuft.

Meistens steht weder ein Bach noch Grund- oder Fließwasser zur Verfügung. Dann hat man immer noch die Möglichkeit, mit verschiedenen Teichfolien oder vorgeformtem Kunststoff einen Teich künstlich abzudichten. Für die Teichfolie hebt man Erde aus, schafft unterschiedliche Bodenhöhen, legt ein Netzgitter gegen Nagetiere darüber und breitet als letztes die Teichfolie aus. Sie soll rundherum über das umgebende Erdniveau hinausragen.

Aufgefüllt wird etwa 10 cm hoch mit Kies, Sand oder Lehm, nicht mit dem ausgehobenen Oberboden, da dieser zuviel Humus und Dünger enthält. Damit würde das Algenwachstum gefördert werden. Der innere Rand kann zur Befestigung unregelmäßig mit Steinen belegt werden. Zum Schluß wird der Folienrand abgeschnitten und Wasser eingefüllt.

Mit Schnüren wird die Form des Teiches festgelegt. Die Folie muß an jeder Seite einen Zuschlag von 90 cm für den Überstand bekommen.

Abgestochene und vertiefte Teichmulde.

Die Teichfolie wird ausgebreitet.

Man kann den Teich bepflanzen, aber noch besser ist es, wenn man die Bepflanzung der Natur überläßt. Mit etwas Geduld erreicht man ein standortgemäßes Wachstum. Auch Tiere finden sich von selbst ein: Kaulquappen und Wasserfrösche, Libellen, Wasserläufer und Unken. Setzt man allerdings Goldfische aus, wartet man vergeblich auf ein reges und vielgestaltiges Teichleben, weil Goldfische vieles wegfressen.

Stehende Gewässer brauchen Pflege, das muß man bedenken, wenn man nicht nur mit einem verlandenden Teich und einem allmählich entstehenden Flachmoor zufrieden ist. Um den Teichzustand zu erhalten, räumt man den Teich, sobald die Verlandung zunimmt, am besten nur teilweise aus. Dafür muß er in 2 oder noch besser 3 Becken unterteilt sein, deren Innenränder nicht ganz bis zum Wasserspiegel reichen. So verhindert man, daß dort lebende Arten wieder verschwinden. Wer alle 3 Jahre ein Drittel seines Teiches ausräumt, hat jederzeit eine zahlreiche und verschiedenartige Lebensgemeinschaft in seinem Garten.

Nach dem Auslegen der Randplatten werden Erde und Kies in die Teichmulde gefüllt. Die geprägte Folie hält auch in der Schräge die Erde fest.

Keine Angst vor Stechmücken! Ihre Larven entwickeln sich in ausgetrockneten Tümpeln. In Teichen, die immer Wasser enthalten, gibt es genügend Feinde, die Stechmückenlarven selten aufkommen lassen.

Das Wasser wird mit einem Schlauch eingefüllt.

Nun kann die Bepflanzung beginnen. – Der Teich wurde mit Mielke-Teichfolie ausgeschlagen.

Gräser, Farne und Wasserpflanzen

Welche Pflanzen eignen sich nun für den Natur- und Wassergarten?

Ziergräser verbreiten das ganze Jahr eine besondere Stimmung. Niedrige (bis 25 cm hoch) und halbhohe Gräser (bis 60 cm hoch) pflanzt man in Gruppen, hohe Gräser, die über 2 m Höhe erreichen können, setzt man einzeln oder als Mittelpunkt einer Gräsergruppe.

Sandiger Boden ist der gegebene Standort für Gräser. Ihnen kann man Blumen beigeben, die ebenfalls sandige Erde bevorzugen, beispielsweise Königskerzen, Edel- und Kugeldisteln. An die Pflege stellen Gräser keine großen Ansprüche: Im zeitigen Frühjahr werden sie zurückgeschnitten oder ausgelichtet; solche, die sich schnell ausbreiten, teilt man öfter. Im Frühjahr düngt man mit Kompost.

Farne lieben schattige, feuchte Plätze unter Büschen und Bäumen. Sie erfreuen durch gestaltreiche Wedel. Mit feuchtigkeitsliebenden Pflanzen wie der schönen Iris oder Vergißmeinnicht können Farne zu wirkungsvollen Gruppen zusammengepflanzt werden. Ein humoser waldähnlicher Boden ist für Farngewächse der richtige Standort. Hier sind wir auch schon bei den Wasser- und Sumpfpflanzen angelangt, die in und um Weiher und Teiche gepflanzt werden. Im Wasser lebende Pflanzen brauchen Düngung wie Landpflanzen. Man verwendet Torf und Kompost. Damit die leichten organischen Substanzen nicht an die Wasseroberfläche steigen, bestreut man sie mit größeren und kleineren Kieselsteinen.

An den Rändern von kleinen Gartengewässern wird ein Feuchtgebiet angelegt, in dem Sumpfpflanzen ihre Heimat finden. Für die Überwinterung der Wasserpflanzen gibt es zwei Möglichkeiten.

Erstens: Man läßt das Wasser ab, schneidet die Pflanzenstengel bis zur Basis weg und füllt das ganze Becken mit Laub oder Fichtenreisig. Darüber kommt eine Abdeckfolie, damit weder Wasser noch Schnee eindringen können. Im Frühling wird das Bekken von der Abdeckfolie und vom Laub

Gräser sind sehr reizvolle Gewächse, dabei anspruchslos und mit geringer Pflege zufriedenzustellen.

Waldgeißbart braucht für sein Gedeihen feuchte Standorte und blüht von April bis Juli.

Die Seerose Nymphaea 'Gladstoniana' braucht einen Wasserstand von 80–150 cm Höhe, Blütezeit 3 bis 7 Tage.

Die Wasserschwertlilie (Iris pseudacorus) wächst als eine der schönsten Wasserpflanzen an Teich- und Bachrändern.

befreit, die Wasserpflanzen werden gedüngt, und dann wird Wasser eingelassen. Besonders bei gemauerten oder auszementierten Becken und in Gegenden, in denen es stärkeren Frost geben kann, ist es ratsam, das Wasser abzulassen, da das Eis das Becken sprengen könnte.

Zweitens: Viele Wasserpflanzen sind winterhart. Wenn jedoch bei Seerosen, Wasserähren, Scheinkalla, Hechtkraut und Goldeule die Gefahr des Erfrierens besteht, sollten diese Pflanzen in Schalen, Töpfe oder Pflanzkörbe gepflanzt werden. Im Spätherbst entnimmt man diese Gefäße dem Becken und stellt sie in einen frostfreien, kühlen Raum. Die Oberfläche der Gefäße deckt man mit Moos oder feuchtem Torf ab, um ein Austrocknen der Erde zu verhindern. Ab und zu wässert man vorsichtig.

Das Eis auf dem Becken deckt man mit Laub ab, das vor dem Auftauen wieder entfernt wird. Während man Gräser und Farne sowohl im Frühjahr als auch im Herbst anpflanzen kann, bevorzugt man für die Pflanzung von Wasser- und Sumpfpflanzen das Frühjahr, damit die Pflanzen während des Sommers im Wasser heimisch werden. Für das Feuchtgebiet kommen als erstes die Pflanzen der trockenen und feuchten Randzone in Frage. Die feuchte Randzone lieben das Blutauge, die Blaugrüne Binse und der Wasserdost. In der feuchten Randzone rund um einen Naturteich gedeihen Buschwindröschen, Kriechender Günsel, Frauenmantel, Seggen, die Kleine Brunelle, Gold (oder Gilb-) und Blutweiderich, Blaues Pfeifengras und andere. Zu den geschützten Pflanzen, von denen man der Natur keine Samen entnehmen darf, gehören Trollblume, Schachblume, Blaustern, Waldgeißbart.

Die Uferzone lieben Bitterklee, Sumpfdotterblume, Sumpfvergißmeinnicht und Bachehrenpreis, Sumpfbinse, Teichbinse, Segge, Pfeilkraut, Brennender Hahnenfuß, der Ästige Igelkolben sowie Teich- und Wasserschachtelhalm.

Gräser, Farne und Wasser-, Sumpf- und Uferpflanzen

Deutscher Name Lateinischer Name	Licht- bedürfnisse	Wuchshöhe cm	Blütezeit	Boden	Anmerkungen
Ähriges Tausendblatt (MYRIOPHYLLUM SPICATUM)	○ ◐	20–200	6–8	nähr- stoffreich	Wasserpflanze in stehendem oder langsam fließendem Gewässer
Ästiger Igelkolben (SPARGANIUM RAMOSUM)	○	bis 100	6–8	feucht	Uferzone, Wurzeln im Wasser
Ausdauerndes Federgras Pfriemgras, Mädchenhaargras (STIPA PENNATA)	○	40–60	6+7	trocken, auf jedem Gartenboden	in gemäßigter Zone und bis in die Tropen weit verbreitet 250 Arten
Ausdauerndes Rohrglanzgras (PHALARIS ARUNDINACEA 'PICTA')	○ ◐	100–200	6+7	feucht	wächst in ganz Europa auf feuch- ten Wiesen und an Bachufern
Bachehrenpreis (Bachbunge) (VERONICA BECCABUNGA)	○ ◐	20–60	5–9	feucht	Uferzone, Blüte himmelblau
Blauschwingel (FESTUCA CINEREA)	○	15–20	6+7	trocken, nährstoffarm, durchlässig	immergrün
Blaustrandhafer Strandroggen (ELYMUS ARENARIUS)	○	60–120	6–8	trocken	schöner Kontrast der gelben Blütenähren zu blaugrünen Halmen, trockene Randzone
Blumenbinse (BUTOMUS UMBELLATUS)	○	60–130	6–8	Wasser von 10–50 cm	in Europa und Asien verbreitet, winterhart
Blutauge (POTENTILLA PALUSTRIS)	○ ◐	15–30	6+7	feucht	feuchte Randzone
Blutweiderich (LYTHRUM SALICARIA)	○ ◐	50–120	6–9	feucht	blüht rotviolett in der feuchten Randzone
Brennender Hahnenfuß (RANUNCULUS)	○ ◐	30–45	6–10	feucht	hellgelbe Blüten, Uferzone, Wurzeln im Wasser, giftig
Braunelle (PRUNELLA VULGARIS)	○ ◐	10–25	6–9	trocken	trockene Randzone
Buschwindröschen (ANEMONE NEMOROSA)	○ ◐	10–25	3–4	trocken	trockene Randzone
Chinaschilf Eulalia (MISCANTHUS SINENSIS)	○	250	wird wegen der schönen Blattzeichnung gepflanzt	feucht	ausdauernd, im zeitigen Frühjahr zurückschneiden, erst nach 2–3 Jahren entwickeln die Pflanzen ihre schöne Zeichnung; Standort: Teichufer
Miscanthus s. 'Zebrinus'		150			
Miscanthus s. 'Gracillimus'		150			
Engelsüß Tüpfelfarn (POLYPODIUM VULGARE)	◐ ●	20–40	–	humos, kalkarm	immergrün, bildet geschuppte, kriechende Rhizome (waagerecht wachsende Wurzeln); winterhart
Federborstengras (PENNISETUM ALOPECUROIDES)	○	10–20	9+10	humos, durchlässig	dichte Ähren
Frauenhaarfarn (ADIANTUM PEDATUM)	●	bis 60	–	humos, nicht zu sauer	winterhart; schöne ausdrucks- volle Pflanze
Frauenmantel (ALCHEMILLA XANTHOCHLORA)	○ ◐	10–30	5–8	trocken	trockene Randzone
Froschlöffel (ALISMA PLANTAGO-AQUATICA)	○ ◐	20–90	6–8	nährstoff- reich	Uferzone, Wurzeln im Wasser, auch in langsam fließenden Gewässern, giftig
Gilbweiderich (LYSIMACHIA VULGARIS)	○ ◐	60–120	6–8	feucht	blüht gelb in der feuchten Randzone
Glänzendes Laichkraut (POTAMOGETON LUCENS)	○ ◐	300	7–8	feucht	Blätter groß, alle untergetaucht, stehende und langsam fließende Gewässer
Glatthafer (ARRHENATHERUM ELATIUS SSP. BULBOSUM)	○	30–40 Ähren 50	6+7	trocken	von Juni bis Juli zieht er ein

Deutscher Name Lateinischer Name	Licht- bedürfnisse	Wuchshöhe cm	Blütezeit	Boden	Anmerkungen
Hasenschwanzgras (LAGURUS OVATUS)	○	20–60	5 + 7	nährstoff- arm	Aussaat im April: Blütezeit Juli Aussaat August: Blütezeit Mai
Hirschzunge (PHYLLITIS SCOLOPENDRIUM)	◑ ●	20–50	–	feucht, kalkreich	winterhart
Kalmus (ACORUS CALAMUS)	○	bis 100	6 + 7	nährstoff- reich	die fleischigen Rhizome haben einen aromatischen Duft, kolben- förmiger Blütenstand, abgehärtet, anspruchslos, für 20–30 cm Wassertiefe; Vermehrung durch Teilung des Wurzelstocks
Krauses Laichkraut (POTAMOGETON CRISPUS)	○ ◑		6–10	feucht	Ähre kurz, wenigblütig, Blätter länglich, wellig, kraus, oft rötlich überlaufend; Unterwasser- pflanze, schlammige Teiche
Kriechender Günsel (AJUGA REPTANS)	○ ◑	10–20	5–8	trocken	Randzonenbereich, blaue Blüten, manchmal weiß und rosa
Lampenputzergras (PENNISETUM ALOPECUROIDES)	○	40–60	9 + 10	humos, durchlässig	hellbraune Blütenähren
Pampasgras (CORTADERIA SELLOANA)	○	200	9	nährstoff- reich und durchlässig	verlangt geschützten, warmen Standort, im Herbst zusammen- binden und abdecken
Pfeifengras Besenried (MOLINIA)	○	bis 120	6–9	trocken	trockene Randzone
Pfeilkraut (SAGITTARIA)	○	100	6–8	nährstoff- reich	weiße Blüten; gedeiht am besten in 30–50 cm Wassertiefe; abgehärtet, breitet sich stark aus; in kleineren Becken könnte man die Pflanze in Töpfen halten
Pfennigkraut Pfenniggilbweiderich (LYSIMACHIA NUMMULARIA)	○ ◑	10–50	5–8	feucht	blüht gelb in der feuchten Rand- zone, kriechend
Plattährengras (UNIOLA LATIFOLIA)	○	100	9 + 10	sowohl für feuchte Teichufer als auch für leichte, trockene Böden	die breiten Blätter färben sich im Herbst braun
Rippenfarn (BLECHNUM SPICANT)	●	bis 40	–	sauer bis neutral	immergrün
Rohrkolben (TYPHA ANGUSTIFOLIA)	○	200	7 + 8	nährstoff- reich, feucht	lange schmale Blätter, kolben- förmiger Blütenstand; T. angusti- folia und T. latifolia für 40 cm Tiefe, anspruchslos, winterhart, Vermehrung durch Teilung des Wurzelstocks;
(TYPHA LATIFOLIA) (TYPHA MINIMA)		200 75	7 + 8 7 + 8		T. minima für 20 cm Wassertiefe, kleinere runde Blütenkolben
Rote Pestwurz (PETASITES HYBRIDUS)	○ ◑	20–40	3–5	feucht	Ufer, Gräben, Nässezeiger
Rutenhirse (PANICUM VIRGATUM)	○	60–100	7–9	feucht	
Schlangenknöterich (POLYGONUM BISTORTA)	○ ◑	30–80	5–7	feucht	blüht rötlichweiß
Seerose (NYMPHAEA)	○	Stengel bis 300	5–9	lehmig	veredelte Sorten mit weißen, gelben, allen Arten roter Blüten; Wassertiefe 30–100 cm; warmes, stehendes Wasser, in dem sie schwimmt, Blüten 10–30 cm ø; Blüte 10–15 cm über dem Wasserspiegel

Deutscher Name / Lateinischer Name	Lichtbedürfnisse	Wuchshöhe cm	Blütezeit	Boden	Anmerkungen
Seggen (CAREX)	○ ◐			die meisten lieben Feuchtigkeit	ausdauernd, 1100 Arten, auf der ganzen Welt verbreitet
C. BUCHANANII (Fuchsrote S.)		40–60	5–8		
C. FIRMA		5–10	6–8		
C. GRAYI (Morgenstern S.)		80	5–8		
C. MORROWII 'Variegata' (Japansegge)		60	3–5		
C. PENDULA (Riesensegge)		120	4–6		
Simse Seebinse (SCIRPUS LACUSTRIS)	○ ◐	100–350	7 + 8	feucht	interessanter brauner Blütenstand; anspruchslos, abgehärtet; paßt sich der Wassertiefe an – z. B. auch 1 m –, ragt aber immer in gleicher Höhe über den Wasserspiegel heraus
Straußgras (AGROSTIS NEBULOSA)	○	20–60	6–8	mager, sauer	100 Arten, die nahezu auf der ganzen Welt verbreitet sind, nebulosa = einjährig; Aussaat direkt ins Freiland oder in ein kaltes Frühbeet
Streifenfarn (ASPLENIUM SEPTENTRIONALE) (ASPLENIUM FONTANUM) (ASPLENIUM TRICHOMANES)	◐	30	–	kalkfrei, sauer kalkhaltig kalkhaltig	winterhart, zarte Pflanze
Sumpfbinse (ELEOCHARIS PALUSTRIS)	○	10–80	5–8	feucht, sumpfig	Uferzone, Wurzeln im Wasser
Sumpfcalla (CALLA PALUSTRIS)	○ ◐	15–30	5 + 6	Moorerde	giftig, Wassertiefe bis zu 20 cm; weiße Blüte mit gelbgrünem Kolben; im Herbst scharlachrote Beeren
Sumpfdotterblume (CALTHA PALUSTRIS)	○ ◐ ●	bis 15	4 + 5	sumpfig	Wassertiefe bis 10 cm
Sumpfvergißmeinnicht (MYOSOTIS PALUSTRIS)	○ ◐	20–100	5–9	feucht	blaue Blüten, Uferzone
Teichrose (NUPHAR LUTEA)	○ ◐	Stengel bis 300	6–8	nährstoffreich	runde, gelbe Blüten, stark duftend; Wassertiefe 50–60 cm; auch leicht fließendes Wasser
Teichschachtelhalm (EQUISETUM LIMOSUM)	○ ◐	40–150	–	moorig	in stehenden Gewässern, Uferzone
Wasserdost Kunigundenkraut (EUPATORIUM CANNABINUM)	○ ◐	50–150	7–9	feucht	Gräben, Ufer, lichte Wälder, Feuchtezeiger
Wasserlinsen (LEMNA MINOR)	○ ◐	nur selten winzige Blütchen	5 + 6	auf stehenden Gewässern schwimmend	vegetative Vermehrung durch Abgliederung von Tochterpflanzen mit so erstaunlicher Schnelligkeit, daß sie in kurzer Zeit die Oberfläche eines ganzen Teiches dicht bedecken können
Wasserpest (ELODEA CANADENSIS)	○ ◐	30–60	5–8	nährstoffreich	stehende und langsam fließende Gewässer; Heimat Amerika, wichtiger Sauerstoffbildner
Wasserstern (CALLITRICHE PALUSTRIS)	○ ◐	5–25 Stengel	5–10	stehende und fließende Gewässer	Der Frühlingswasserstern (callitriche vernalis) in Gräben und Bächen verbreitet und bildet üppige Polster mit Schwimmblattrosetten
Wiesenhafer (HELICTOTRICHON SEMPERVIRENS)	○	40–60	5 + 6	nährstoffarm	ausdauernd, nach der Blüte Halme abschneiden, im zeitigen Frühjahr mähen
Wiesenraute (THALICTRUM)	○ ◐	60–120	5–8	feucht	Glänzende Wiesenraute (Thalictrum lucidum) Moorwiesen, Auenwälder; Gelbe Wiesenraute (Thalictrum flavum) auf nassen Wiesen, Bienenweide; Kleine Wiesenraute (Thalictrum minus) laut Roter Liste Arten gefährdet (Gef Gr. 3); Einfache Wiesenraute (Thalictrum simplex) vom Aussterben bedroht (Gef Gr. 1)
Wollgras (ERIOPHORUM LATIFOLIUM)	○ ◐	30–60	4 + 7	feucht	ideale Standorte: Teichufer und Heidegärten
Zittergras (BRIZA MEDIA)	○ ◐	bis 40	5 + 6	trocken, kalkhaltig	ausdauernd

Der Nutzgarten

Während Ökowiese, Baum- und Strauchgruppen, Teich und Bach und kleine Biotope mit Wildpflanzen im naturnahen Garten den Boden schonen und selbst der Ziergarten mit möglichst vielen einheimischen und den Wildpflanzen noch nahe verwandten Zierpflanzen keine allzu große Beanspruchung des Bodens bedeuten, bedarf der Nutzgarten mit seinen Intensivkulturen besonderer Überlegungen.

Meist stellen sich die Besitzer eines Hausgartens am Stadtrand vor, den Gemüse- und Kräuterbedarf für die Familie zumindest den Sommer über aus dem Nutzgarten zu decken. Da für eine Person in gemäßigtem Klima eine Fläche von etwa 20–50 m² zu diesem Zweck nötig ist, müssen für einen 4- bis 5-Personen-Haushalt bis etwa 200 m² Gartenfläche als Nutzgarten eingeplant werden, wenn Flachbeete angelegt werden.

Die Ausnutzung erhöht sich bei Anlage von Hügel- und Hochbeeten, von denen gegenüber einem Flachbeet mehrfache Erträge erwartet werden können. Dabei ist zu bedenken, daß Hügel- und Hochbeete bei der Anlage Zeit erfordern und außerdem eine Menge Material, das vor allem bei der Neuanlage eines Nutzgartens nicht immer ohne größeren Aufwand herangeschafft werden kann.

In rauheren Lagen ist durch späte Bodenerwärmung im Frühling und frühe Nachtfröste im Herbst der Einsatz von Frühbeeten, Folientunneln und Glashäusern nötig, will man nicht nur in wenigen Sommermonaten zu selbstgezogenem Gemüse kommen.

Wer sich das ganze Jahr über aus dem eigenen Garten versorgen will, ist auch in gemäßigtem Klima und in günstigen Lagen auf Frühbeete, Folientunnel und ein Glashaus angewiesen.

Das Kräuterbeet sollte möglichst nahe am Haus und von der Küche leicht erreichbar angelegt werden. So können bei jeder Witterung Kräuter für den täglichen Speisezettel aus dem Garten geholt werden.

Für den Nutzgarten ist auf jeden Fall ein Lageplan dienlich. Dabei sollten die Beete nicht breiter als 1,20 m sein, damit sie auch in der Mitte bequem bearbeitet werden können. Zwischen den Beeten sind Wege von wenigstens 30 cm Breite nötig. Die Wege sind aus vielerlei Gründen mit Ziegeln, Kunststeinplatten oder Naturstein zu

Neu angelegter Nutzgarten, als Windschutz Topinambur.

Gemeinschaftsnutzgartenanlage, in der nur biologisch gegärtnert wird.

belegen, die in einem Sandbett verlegt werden.

Man kann dann auch bei regnerischem Wetter an die Beete heran, ohne sich die Schuhe zu sehr zu beschmutzen, und außerdem gibt es auf solchen Wegen kein Unkraut. Auch der Samenflug von einem Beet zum anderen wird weitgehend unterbunden. Wurzelausläufer, von Quecken und Gundermann beispielsweise, werden durch Wege, die belegt sind, am Weiterwachsen gehindert.

Die Länge der Beete richtet sich nach den Raumverhältnissen und den Wünschen der Gartenbesitzer. Wer von einer Sorte Gemüse viel ernten will, braucht lange Beete, wer von jedem Gemüse etwas auf kleinem Raum haben will, wählt wegen der Übersicht eher kurze Beete. Auch die Länge von Folientunneln oder Frühbeetkästen kann bestimmend für die Beetlänge sein.

Hat der Nutzgarten Hanglage, so legt man die Beete mit der Länge quer zum Hang an. Dabei bildet jedes Beet eine Terrassenstufe. Die obere Beetkante schließt sich flach an den Weg an, die untere ist hoch und braucht eine Abstützung durch senkrecht gestellte Platten oder Bretter. Ordnet man die Beete mit der Länge den Hang hinunter, dann sammeln sich die Nährstoffe unten, während der obere Teil der Beete immer nährstoffärmer wird.

Für Hügelbeete ist die Länge der Beete in Nord-Süd-Richtung einzuplanen. Ist Fruchtwechsel vorgesehen, teilt man die Beete durch schubkarrenbreite, sich kreuzende Hauptwege möglichst in 4 Abteilungen, so daß die Stark-, Mittel- und Schwachzehrer jedes Jahr das Quartier wechseln. Das übrigbleibende Beetviertel bleibt den standorttreuen Pflanzen, wie Erdbeeren, Tomaten und Rhabarber, vorbehalten. Bei der Fruchtfolge wird am Anfang für Starkzehrer ein Quartier vorbereitet, auf dem im nächsten Jahr die Mittelzehrer und im dritten Jahr die Schwachzehrer stehen. Erst danach wird frisch gedüngt.

Der Nutzgarten ist wie der übrige Garten von einer schützenden Hecke umgeben. Auch gegen den Ziergarten kann der Nutzgarten nochmals mit Sträuchern abgegrenzt sein. Allerdings dürfen die Sträucher die Gemüsebeete nicht beschatten. Es darf keine kühle, feuchte, stickige Ecke entstehen. Die Hecken sollen für ein windgeschütztes, warmes Kleinklima voller Sonnenschein sorgen.

Mit Mischkultur kann man auf kleinstem Raum große Ernten erreichen. Hier spielen Quartiere keine Rolle, dafür wird auf den einzelnen Beeten Fruchtfolge betrieben. Man baut nicht nur Gemüse, die sich gegenseitig fördern, nebeneinander an, sondern wählt sie am selben Standort so, daß auf einen Starkzehrer, der einen nährstoffreichen Boden braucht, ein Mittelzehrer folgt und darauf eine Gemüsepflanze, die den Boden sogar mit Nährstoffen anreichert. Tomaten fördern sich selbst. Man läßt deshalb im Herbst das Kraut als Bodenbedeckung am Ort der Tomatenpflanzung liegen und pflanzt im kommenden Jahr genau an dieselbe Stelle wieder Tomaten. Rhabarber und Erdbeeren sind mehrjährig und bekommen vor allen weiteren Planungen ihren festen Platz. Es gilt dabei, Erdbeeren locker zu setzen, damit Pflanzen, die Erdbeeren fördern, dazwischengesetzt werden können.

Selbstverständlich müssen auch Beerensträucher und Obstgehölze in der Planung vorrangig berücksichtigt werden, gewissermaßen als Leitpflanzen.

Bei der Anlage des Nutzgartens muß man auch berücksichtigen, wieviel Zeit man im Jahr aufwenden kann. Für Obstbäume ist der Arbeitsaufwand am geringsten. Auch Beerensträucher beanspruchen den Biogärtner nicht so sehr.

Erdbeer- und Gemüsekulturen machen am meisten Arbeit. Beim Gemüseanbau macht der ganzjährige Anbau von Salaten wiederum am wenigsten Arbeit.

Nun sind alle Vorüberlegungen für einen naturnahen Garten angestellt, und es kann mit der Verteilung des vorhandenen Platzes begonnen werden.

Nutzgartenanlage mit 4 Quartieren.

Planung für jede Gartengröße

Aus jedem Quadratmeter Garten läßt sich etwas machen, mögen auch noch so wenige davon zur Verfügung stehen. Gerade für den kleinen Garten eröffnet der naturnahe Garten eine Chance, weil er als Mischgarten angelegt werden kann. Da hat trotz der Winzigkeit des Gartens noch ein Spalierobstbaum Platz, der ausgewachsen nur 2 m Höhe erreicht und unter dem niedrige Blumen den Boden schmücken und gleichzeitig bedecken können. Beerensträucher ergeben Hecken oder Spaliere. Auch Kräuter können wie Zierpflanzen behandelt werden. Mit Erdbeeren kann man durch gelochte Hochbeetwände oder Pyramiden von gegeneinander versetzten Töpfen oder Schalen in die Höhe gehen. Blumen schmücken die Trockenmauer, und das vielleicht einzige Gemüsebeet wird intensiver nutzbar, wenn es als Hügelbeet angelegt wird.

Der Vorgarten

Beim mehrstöckigen Reihenhaus ergeben sich heute – bedingt durch die Grundstückspreise und den Mangel an Bauland in Stadtnähe – Vorgärten, die aus einem Plattenweg zur Haustür, einem breiteren gepflasterten Weg zum Garagentor, dem Platz für die Mülltonne und einem Beet bestehen.

Meist haben die zukünftigen Bewohner keinen Einfluß auf die Gestaltung dieses Vorgartens. Oft verlangt die Gemeinde auch noch, daß ein bestimmter einheimischer Baum in jedem der Vorgärten stehen muß. Lediglich das einzige vorhandene Beet kann vom Besitzer gestaltet werden. Da mehrgeschossige Reihenhäuser nicht mehr als 6–7 m breit sind, ist die zu gestaltende Fläche notfalls 8–10 m² groß.

Meist liegen diese Vorgärten nach Nordwesten, Norden oder Nordosten. Deshalb kommen nur schatten- oder halbschattenliebende Pflanzen in Betracht. Der Beetbereich, der am weitesten vom Haus entfernt ist, darf auch mit sonneliebenden Gewächsen bepflanzt sein, weil dort die Sonne am längsten scheint. Und damit der Vorgarten hell und freundlich aussieht, dürfen die Pflanzen – wie schon beschrieben – höchstens 2 m hoch sein.

Kleiner Vorgarten vor einem Reihenhaus mit kleineren Pflanzen und Stauden oder Sträuchern, die nicht höher als 2 m werden.

Man kann im Vorgarten entweder solche Pflanzen wählen, die einen bestimmten Gartentyp vertreten, beispielsweise einen Farngarten gemischt mit Gräsern, oder aber man wählt die Pflanzen so, daß immer etwas blüht. Auch ein Vorgarten mit möglichst vielen Sorten von Fuchsien, teilweise als Stammfuchsien, läßt sich einrichten.

Im Herbst muß man Fuchsien nicht ins Haus nehmen. Man schneidet sie so weit ab, daß alle Blätter und weichen Triebspitzen heruntergeschnitten sind, bedeckt sie dann mit Herbstlaub und einigen Schaufeln Erde. Ganz von diesem wärmenden Mantel umgeben überstehen sie den Winter sehr gut und gedeihen im nächsten Sommer genauso prächtig wie im Vorsommer. Wichtig ist, daß Fuchsien Schatten und Halbschatten bevorzugen.

Sollte die Mülltonne nicht schon ummantelt sein, kann man – falls sie in das Beet integriert ist – selbst eine Möglichkeit schaffen, sie unsichtbar zu machen. Entweder baut man Holzpalisaden herum, die man mit einer Kletterpflanze begrünt, oder man bewirft die Palisaden mit Erde und bepflanzt den entstandenen Hügel.

Als Kletterpflanzen eignen sich Efeu, der auch an der Nordseite gedeiht und im Winter seine grünen Blätter behält, außerdem Wilder Wein, auch Jungfernrebe genannt, und Kletterhortensien, eine ausdrucksvolle Kletterpflanze mit großen weißen Blütenschirmen.

Auch größere Vorgärten liegen meist auf der Schattenseite des Hauses. Zumindest direkt am Haus wählt man ebenfalls schatten- oder halbschattenliebende Pflanzen. Im größeren Vorgarten sind auch Ziersträucher und Bäume möglich. Letztere dürfen nicht zu dicht am Haus stehen. Ihre Wurzeln brauchen Platz. Außerdem beschatten sie Fenster und damit Wohnräume zu sehr, die ohnehin nicht sonderlich viel Licht bekommen, weil Hauseingänge sinnvollerweise nach Nordwesten bis Nordosten liegen. Große Baumwurzeln können die Isolierung von Hauswänden verletzen.

Der Handtuchgarten

Diese Gartenform ergibt sich meist hinter Reihenhäusern. Sie sind – bedingt durch die Hausbreite – allerhöchstens 7,5 m breit, können aber verhältnismäßig lang sein.

Wenn es nicht möglich ist, aus diesen nebeneinanderliegenden Handtuchgärten eine Gemeinschaftsgartenanlage zu gestalten, können trotzdem interessante Gärten daraus werden. Höhenunterschiede gliedern den Garten so, daß man nicht weiß, wie er ein Stück weiter aussieht. Es wird also kein Garten, den man überblickt, denn die Länge würde ermüdend wirken. Niveauverschiebungen, Hügel, Stufen, Palisaden und Hecken machen ihn geheimnisvoll. Wer ihn von der Terrasse her betritt, wird neugierig, wie es weitergeht.

Man kann einen etwas vertieften Terrassenwohnbereich schaffen, der durch Flechtzäune oder Palisaden zu den Nachbarn hin abgeschirmt ist.

Zum Garten hin wird die Terrasse durch einen Hügel mit Zierpflanzen und einen Teich oder Wassergefäße und eine Bienentränke abgegrenzt. Im hinteren Teil des Beetes kann ein Baum Platz finden oder ein größerer blühender Strauch.

Der Weg durch den Garten geht an der Gartengrenze entlang, wechselt jedoch von einer Seite auf die andere. Hinter dem ersten Querweg können Palisaden stehen, die es ermöglichen, das anschließende Gelände zu erhöhen. Auf der Südseite eines Rankgerüstes kann Wein ranken, oder Beerensträucher trennen den anschließenden Spielrasen, auf dem auch der Wäscheschirm steht, vom Zier- und Wohngarten ab.

Je nach Größe der Kinder gibt es auf dem Rasen vielleicht einen Sandkasten oder ein Turngerät. Daran schließt sich ein kleines Biotop an. Eine Wiese, ein Beerenstrauch wie Hartriegel, Feuerdorn oder eine Eberesche, alles Sträucher, deren Beeren Vögel gern fressen, dazu ein Vogelbecken bilden den Übergang zum Nutzgarten. Hier finden einige Gemüsebeete, Spalierobst und ein Thermokomposter Platz.

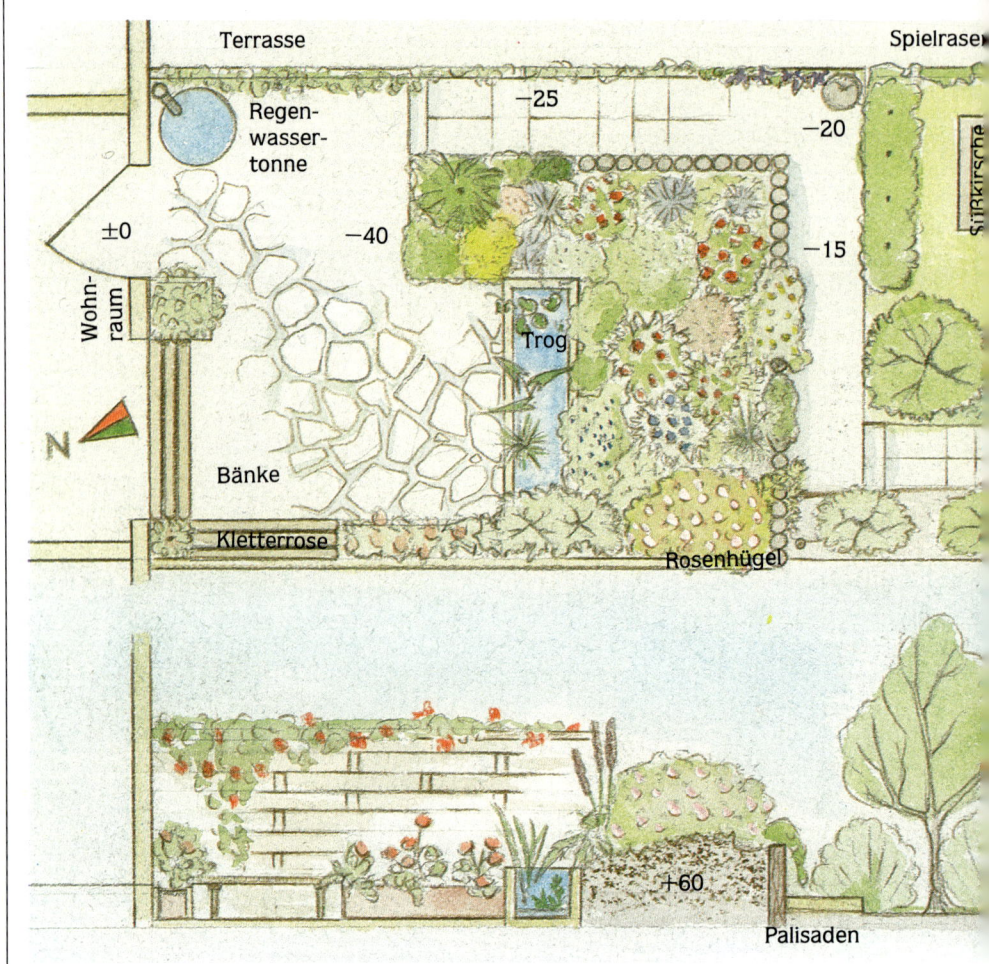

Handtuchgartengrundriß und -schnitt.

Die Wiese sollte nicht zu sehr von den Gemüsebeeten getrennt sein, denn auf der Wiese entwickeln sich im Frühjahr früher als auf noch ungenutzten Gemüsebeeten neben Schädlingen auch zahlreiche Nützlinge, die auch gleich genügend Nahrung finden, um sich weiter zu vermehren. Wächst dann das erste zarte Grün auf den Gemüsebeeten, ist die Zahl der Nützlinge bereits so vermehrt, daß sie die Schädlinge, die sich mit Vorliebe auf junge Sprosse stürzen, in Schach halten können.

Hat man innerhalb des Biotops auch noch für eine Behausung für einen Igel gesorgt, braucht man keine Angst zu haben, daß Schnecken sich an jungem Gemüse laben. Der Thermokomposter sollte übrigens so stehen, daß er an ein Stück Rasen anschließt, damit man dort den reifen Kompost durchsieben kann. Die auf dem Rasen zurückbleibenden Komposterdreste verbessern den Rasen. Man kann aber auch Folie unter das Sieb legen. Die Erde hebt man mit der Folie in die Schubkarre.

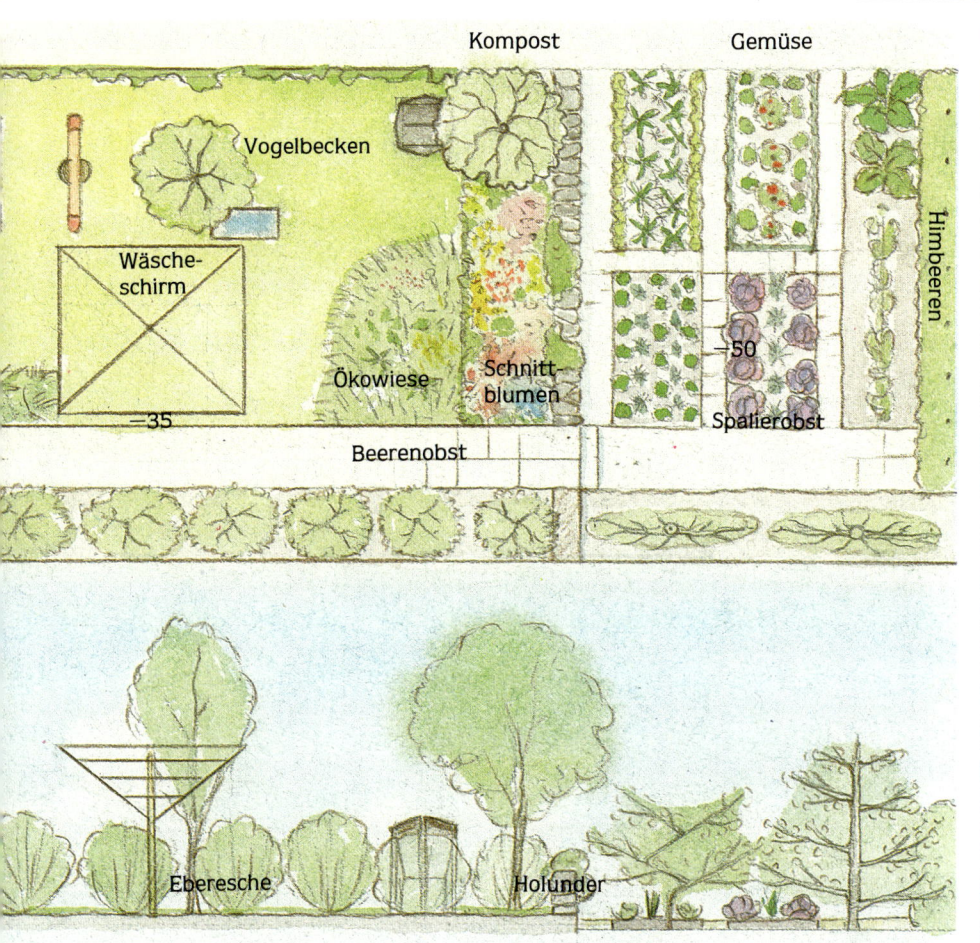

Kompost   Gemüse

Vogelbecken

Wäsche-
schirm

Himbeeren

Ökowiese   Schnitt-
blumen

−50

−35

Spalierobst

Beerenobst

Eberesche   Holunder

Schrebergärten

Auch diese Gärten sind meist nicht größer als 100 m². Den Leitpunkt bildet die Laube, in der Gartengeräte untergebracht sind, aber in oder vor der man auch gemütlich sitzen kann. Hinter der Laube findet meist der Komposthaufen Platz. Auch hier sind Silos oder geschlossene Behälter platzsparender. Das danebenliegende Rasenstück kann ebenfalls als Durchsiebplatz zur Gewinnung von Reifekompost genutzt werden.

Blühende Sträucher und davor Schnittblumen umgeben den Rasen vor der Laube, der soweit wie möglich Ökowiese sein sollte. Gemüsebeete, Beerensträucher und 2–3 Obstspalierbäume mischen sich im übrigen Garten mit Kräutern und solchen Heilpflanzen, die den Boden und die Gemüsekulturen günstig beeinflussen und auch für die nötige Bienennahrung sorgen.
Auf jeder entstehenden freien Fläche wird nach dem Abernten von Gemüse sofort als Bodenbedeckung eine Gründüngungs-

pflanze ausgesät. Phacelia, aber auch Leguminosen bieten Bienen, Hummeln, Wespen, den ebenfalls nützlichen Schwebfliegen und Schmetterlingen reichlich Nahrung. Beerenhecken und Beerenspaliere grenzen den Schrebergarten ab.

Der Großgarten

Schon der mittelgroße Garten rund ums Haus bietet ungleich mehr Möglichkeiten. Hier lassen sich wenigstens teilweise frei wachsende Hecken anlegen, die für Vögel als Nistplätze und Nahrungsquellen wichtig sind und vielen anderen kleinen Tieren Unterschlupf gewähren.

Auch hier findet der Kompostplatz meist am Rande des Geländes seinen Platz, weil die Wege noch nicht so weit sind.

Anders im großen Garten. Hier versucht man während der Gartenarbeit Wege zu sparen und legt deshalb den Kompostplatz zentral an. Nach Norden kann er von einem Gerätehaus begrenzt werden. Der Kompostplatz braucht hier mehrere Standorte für Silos oder Komposthaufen. Man muß sich ausrechnen, wieviel Komposterde

gebraucht wird. Um die Fruchtbarkeit des Bodens zu erhalten, müssen jährlich 2–3 cm Komposterde für den gesamten Gartenboden zur Verfügung stehen, außerdem noch Reifekompost als Anzuchterde. Lediglich dort, wo Ökowiese und Hecken liegen, düngen die wachsenden Pflanzen den Boden selbst, wenn sie absterben oder die Sträucher ihr Laub verlieren. Die Bodenorganismen haben dadurch genügend Nahrung. Diese ergänzt man im Herbst, indem man über gefallenes Laub etwas Korallalgenkalk, Tonmehl, Gesteinsmehl und Kompoststarter streut. Das bietet den Bodenorganismen eine Hilfe beim Zerkleinern der Blätter, und durch den Kompoststarter werden die Bodenorganismen vermehrt. Die Ökowiese bedarf keinerlei Dünger. Sie ist der beste Humuserzeuger.

Ein Gelände mit Hanglage wird terrassenförmig angelegt. So entstehen ebene Flächen, deren Fruchtbarkeit man dadurch erhöhen kann, daß man unten Äste, Rasensoden und sonstigen Gartenabfall einfüllt und oben den Mutterboden und eine Humusschicht aufträgt, wie es bei Hügel- und Hochbeeten gemacht wird.

Terrassenförmig angelegter Garten (Schnitt).

Grundriß für den großen Garten mit dem aus allen Gartenbereichen leicht erreichbaren Kompostplatz in der Mitte.

Praktische, einfache Arbeits- anleitungen

Rasengittersteine.

Wir haben erfahren, wie Bäume, die erhaltenswert sind, vor dem Bau eines Hauses auf dem Gartengelände geschützt werden müssen, damit sie den Bau überstehen. Auch bei der Bodenmodellierung mit dem Unterboden soll dieser Schutz noch belassen werden.

Nur selten verträgt es ein Baum, daß im Bereich seiner Kronentraufe, das ist die Bodenfläche unter der Baumkrone, Erde aufgeschüttet oder abgetragen wird. Ist es unumgänglich, das Bodenniveau um den Baum herum zu verändern, dann sollte man es jedoch im Bereich der Kronentraufe unverändert lassen.

Das bedeutet, daß die Erde außerhalb oder innerhalb der Kronentraufe abgestützt werden muß. Zum Abstützen bieten sich Trockenmauern aus Natursteinen an oder Palisaden.

Wege

Nach der Bodenmodellierung mit dem Unterboden legt man zuallererst die Hauptwege und Plätze im Garten an. Dann trägt man erst den Mutterboden auf.

Wege können geradlinig oder geschwungen sein, eine geschlossene, überall gleich breite Fläche haben, unregelmäßige Ränder oder aus Schrittplatten bestehen.

Bei Wegen, die auch während schlechter Wetterperioden und im Winter begangen werden, ist auf Griffigkeit der Oberfläche zu achten. Beläge, bei denen das Gras durchwachsen kann, wie Rasengittersteine, Lochklinker oder Pflastersteine mit breiten Fugen sind besonders umweltfreundlich.

Nach der Art des Weges richtet sich das Material. Große Platten kann man als Schrittplatten versetzt für geschwungene

Baumaufschüttung, abgestützt mit einer Trockenmauer.

Baumabgrabung und Abstützung durch Palisaden.

Wege benutzen. Geschwungene flächige Wege verlegt man besser mit kleineren Steinen, wie Pflastersteinen oder Klinkern. Schönwetterwege lassen sich auch einfach mit Holzrosten herstellen, die es allerdings fertig nur kesseldruckimprägniert gibt. Wer seine Wege ganzjährig begehen will, sollte auf Holz verzichten, weil es bei Feuchtigkeit mit der Zeit glitschig und rutschig wird. Das gleiche Problem ergibt sich bei Treppen aus Holz.

Wege bei steilerer Hanglage sollten quer zum Hang verlaufen und den Hang durch Treppenstufen überwinden. Hierbei ergibt sich am Hang die einseitige Aufschüttung und Befestigung des Weges. Das Längsgefälle eines Weges sollte nicht über 7% (= 7 cm Höhenunterschied auf 1 m Länge) betragen.

Zu viele Hauptwege zerstückeln den Garten, einer, der in der Richtung wechselt, reicht im allgemeinen aus. Selbst er braucht nur so breit zu sein, daß man die Schubkarre auf die Stützen stellen kann. Das wären 60 cm. Alle anderen Wege sind schmäler, die zwischen Gemüsebeeten nur so breit, daß man auf dem Weg quer stehen kann.

Anders ist es natürlich bei Wegen im Vorgarten, dem Weg zur Haustür und Garage. Letzterer muß so breit sein wie der Wagen. Es darf keine auf den Weg überhängenden

Äste geben, die den Autolack zerkratzen. Der Weg zum Hauseingang darf das Maß von 125 cm nicht unterschreiten, da 2 Personen aneinander vorbeigehen können müssen.

Befestigte Flächen sollten bündig mit der Höhe des Gartenbodens abschließen. Deshalb ist für die Unterfütterung zu beachten, wie hoch sie bei nachträglichem Auftrag des Mutterbodens (etwa 25 cm) aufzufüllen ist.

Auf Randsteine sollte zumindest im Natur- und Ziergartenbereich verzichtet werden. Es erleichtert nicht nur die Rasenpflege, sondern mit der Zeit entsteht auch eine Verzahnung zwischen Pflanzungen und Wegen, wodurch die Wege ihren strengen Charakter verlieren.

Wege, die höher liegen als die Umgebung, wirken künstlich. Tieferliegende Wege sind zu bevorzugen, jedoch niemals dort, wo es sich um Gelände mit stauender Nässe handelt. Die wenigen Zentimeter Kiesunterfütterung lassen Regenwasser nicht abfließen, wenn die Regenmenge groß ist. Dann müßte das Gelände, das zu stauender Nässe neigt, insgesamt eine Dränage erhalten.

Falls Wege an Stützmauern entlangführen, sollten sie wenigstens einen Abstand von 30 cm von der Mauer haben. Noch besser ist ein geschwungener Weg, der mal mehr, mal weniger Abstand von der Mauer hat. Dadurch kann die Mauer bepflanzt werden, während ein unmittelbar an einer Mauer verlaufender Weg streng und kahl wirkt.

Auf die Lage von Sitzplätzen ist schon an anderer Stelle eingegangen worden. Angenehm ist es, wenn man einen Sitzplatz an sonniger Südlage für Frühlings- und Herbsttage im Garten hat und einen für heiße Tage. Während ersterer nur durch Laubbäume und -sträucher geschützt sein sollte, die ihr Laub im Winter abwerfen, und nach Süden geöffnet, kann der Sitzplatz für heiße Tage von Süden her beschattet sein. Um einen Tisch und Stühle zu stellen, braucht man wenigstens eine Fläche von 3 x 3 m, wenigstens an einer Seite 50 cm mehr sind noch besser.

Betonrundsteinpflaster mit bündigem Bodenanschluß.

Sitzplätze sind anheimelnder, wenn sie nicht erhöht liegen, eher etwas vertieft oder so, daß durch ein Mäuerchen eine Vertiefung optisch vorgetäuscht wird.

Das Belegen des Gartens mit Platten und Steinen sollte auf das Notwendigste beschränkt bleiben. Lediglich Trockenmauern, die nicht verfugt, sondern bei denen Feldsteine locker und mit unregelmäßigen Hohlräumen aufgeschichtet werden, sind umweltfreundlich und bieten Pflanzen und nützlichen Tieren Lebensraum.

Für die Anlage von Wegen und Plätzen braucht man als Handwerkszeug zum Vermessen und sauberen Verlegen kleine Pflöcke, beispielsweise angespitzte Latten, dazu Schnüre, Meterstab, Bandmaß, eine Setzlatte von 2 m Länge, einen rechten Winkel und eine Wasserwaage.

Jede Wegecke wird durch einen Pflock markiert, den man so weit in den Unterboden schlägt, daß sein oberes Ende mit der Oberfläche des späteren Belags des Weges abschließt. Die Pflöcke werden mit straffen Schnüren verbunden, die man während der Arbeit öfter nachspannt. So werden beide Wegseiten genau markiert. Dieselbe Höhe der Pflöcke zu beiden Seiten des Weges erreicht man durch Überlegen einer Latte von Pflock zu Pflock, auf die man die Wasserwaage legt.

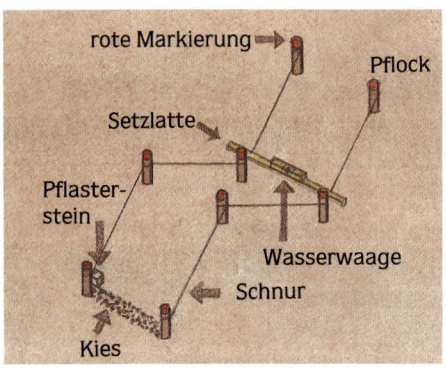

Abstecken von Wegen: Jede Wegecke muß einen Pflock zur Markierung bekommen.

Geschwungene Wege werden in kurzen Abständen durch Pflöcke gekennzeichnet. Beim Verlegen von Pflastersteinen geht man zur Formung der Rundungen über die jeweilige Schnur hinaus.

Will man beispielsweise für einen Sitzplatz einen Kreis pflastern, findet man diesen Kreis am schnellsten, indem man in den Mittelpunkt einen Pflock schlägt. Dieser ist mit einem 2. Pflock durch eine Schnur in der Radiuslänge des Kreises verbunden. Mit dem Markierpflock zeichnet man bei gespannter Schnur einen Kreis um den Mittelpunktpflock.

Für diese Vorarbeiten nehme man sich Zeit und prüfe zuletzt noch einmal alle Maße.

Falls Boden aufgeschüttet worden ist, muß er im Bereich von Wegen und Plätzen verdichtet werden, ohne daß Staunässe die Folge ist. Bei Aufschüttungen ist die meist angefahrene Erde zu kontrollieren. Sandige Erde neigt nicht zu Staunässe. Bei sehr tonhaltiger Erde sorge man dafür, daß ihr vor dem Auftrag auf den vorhandenen Untergrund Sand und Kies untergemischt werden.

Der Unterbau für Wege besteht aus einem Sand-Kies-Gemisch, Schotter, Ziegelsplitt oder Hochofenschlacke, je nach den örtlichen Gegebenheiten.

Bei Fußwegen reicht ein Unterbau von 15–20 cm, bei Fahrwegen von 20–30 cm, auf den noch 3–5 cm Sand gestreut werden. Ist der Unterboden sandig, genügt die jeweilige untere Höhenangabe, bei lehmigem, tonigem Untergrund die Höchstangabe. Bei sehr tonigem Boden sollte der Unterbau sogar noch um 10 cm groben Kies als unterste Schicht erhöht werden.

Bei starkem Frost können sich Platten-oder Pflastersteinwege durch die Ausdehnung des Eises heben. Das ist bei Gehwegen nicht schlimm. Nach dem Auftauen setzen sie sich wieder. Bei Fahrbahnen können Verschiebungen stattfinden, im Bereich einer Gartentür kann das zum Klemmen der Tür am Boden führen. In beiden Fällen muß der Unterbau besonders wasserdurchlässig gemacht werden.

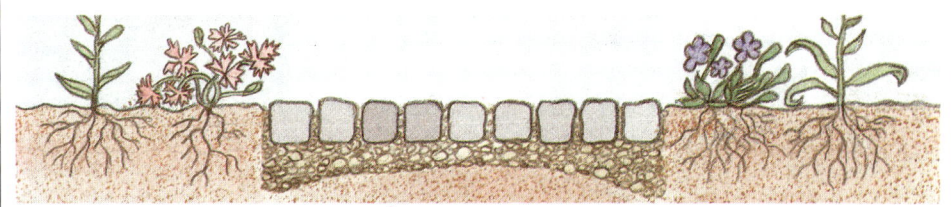

Feuchte Stellen im Garten bekommen Wege mit schräg nach außen verlaufendem Unterbau, damit das Wasser nach einem Regen in die seitliche Vegetation abläuft.

Notfalls, vor allem bei Staunässe auf dem Fahrweg zur Garage in der unmittelbaren Nähe des Hauses, muß eine Dränage mit Abfluß in den Abwasserkanal gebaut werden, bei der man einen Fachmann zu Rate ziehen sollte. Alle übrige Entwässerung sollte der Vegetation zugute kommen, indem der Unterbau von Wegen entsprechend schräg in die Beete verläuft.

Auf Belagränder kann in den meisten Fällen verzichtet werden. Ein bündiger Beet-, Rasen- oder Wiesenanschluß ist einem befestigten Wegrand vorzuziehen. Bei angrenzender dichter Vegetation ist ein Ausschwemmen des Unterbaus nicht zu erwarten. Nur bei steileren und sehr langen Wegen muß manchmal ein Randstein gesetzt werden, um Ausschwemmungen durch Regenwasser zu vermeiden.

Flammetquarzit, spaltrauh, Natursteinwerke Juma.

Natursteine

Der Naturstein als Belag für Wege und Sitzplätze ist zwar teurer als Kunststeinplatten, wird jedoch heute wieder vielfach wegen seiner Schönheit, seiner gewachsenen Struktur und der lebendigen farbigen Oberfläche geschätzt.

Es gibt Naturstein mit bruchrauher und gesägter Oberfläche, wobei die gesägte oft die Eigentümlichkeit des Steins vermissen läßt.

Am härtesten und daher auch am haltbarsten sind die Urgesteine, wie Granit, Basalt, Gneis, Porphyr und Quarzit. Diese Hartgesteine werden gespalten und können mit bruchrauher Oberfläche verlegt werden. Sedimentgesteine, wie Kalkstein und Sandstein, werden gesägt, da das Spalten vom

Naturstein Orientquarzit, spaltrauh, Natursteinwerke Juma.

Natursteinweg aus Porphyr, spaltrauh, Natursteinwerke Juma.

Material her unbefriedigend ist. Schieferplatten bilden eine Ausnahme. Kalkgestein ist gegen Witterungseinflüsse unempfindlich, aber heute macht ihm der saure Regen zu schaffen. Die Haltbarkeit von Sandstein ist sehr unterschiedlich. Solche mit tonigen Bindemitteln zerfallen nach etwa 10 Jahren. Kalkgebundene Sandsteine sind witterungsbeständiger, unterliegen jedoch wie Kalkstein dem Einfluß von Säuren, beispielsweise der Schwefelsäure aus Industrieimmissionen und Autoabgasen.

Am dauerhaftesten ist Sandstein, der mit Kieselsäure verkittet ist. Es ist unter den Sandsteinarten zwar das teuerste Material, dafür aber unbegrenzt haltbar. Streusalz darf allerdings auch hier nicht eingesetzt werden. Aber der Biogärtner weiß ohnehin, daß er mit Streusalz seinen Pflanzen bis hin zum Absterben ausgewachsener Bäume schadet und streut mit Sand.

Es gibt bei Natursteinen bereits im Steinbruch zugerichtete rechteckige Formen, die 1/4 m² nicht unterschreiten sollten, und unregelmäßig behauene, die etwa 1/3 m² Fläche aufweisen sollten, damit sie im Sandbett fest liegen. Erstere sind leichter zu verlegen, da die unregelmäßigen Platten wie ein Puzzle nach ihren Formen gelegt werden müssen und die Fugen so eng wie möglich sein sollen.

Die Außenränder der Plattenwege müssen entweder behauen werden, damit sie eine einigermaßen gerade Linie ergeben, oder sie werden unregelmäßig gelassen, wobei man allzu große Zacken und spitze Winkel nicht nur wegen des besseren Aussehens vermeiden sollte, sondern auch, weil spitze Zacken leicht abbrechen können. Die Plattenstärke beträgt ungefähr 4–5 cm.

Beliebt sind heute die früher nur im Straßenbau verwendeten Pflastersteine, die fast ausschließlich aus Hartgestein bestehen. Sie sind für den selbstverlegenden Laien praktischer und leichter zu heben. Je kleiner die Steine, desto bewegter ist das Fugenspiel und desto besser sind die Anschlüsse. Allerdings bilden Pflastersteine

nie solch eine ebene Fläche wie Platten, was bei Sitzplätzen zu bedenken ist. Ein wackelnder Kaffeetisch kann sehr störend wirken.

Pflastersteine, die mit 3–5 cm breiten Fugen verlegt und dann mit Mutterboden aufgefüllt werden, können wie Rasengitterplatten für begehbare Grünflächen verwendet werden. Es müssen in diesem Fall kleinere Steine gewählt werden.

Pflastersteingrößen

	Länge cm	Breite cm	Höhe cm	1 t = m²
Großpflaster	16–22	16	16	2,8
Großpflaster	12–18	12	13	3,0
Kleinpflaster	10	10	10	4,4
Kleinpflaster	8	8	8	5,5
Mosaikpflaster	6	6	6	7,0
Mosaikpflaster	4	4	4	10,0

Durch Mischen verschiedener Farben kann man Ornamente legen, aber auch Bogenmuster aus einer Farbe machen sich gut.

Betonpflaster

Gegenüber Natursteinen sehen Betonpflaster immer technischer und exakter aus, da sie durch ihre maschinelle Herstellung die absolut gleiche Größe haben. Es gibt sie eingefärbt, aber nach einigen Jahren sind diese Färbungen ausgewaschen.

Betonplatten gibt es mit Natursteinvorsätzen aus Basaltsplitt, Granit- und Porphyrkies.

Betonsteine haben stets eine rauhe Oberfläche und sind daher auch in nassem Zustand gefahrlos begehbar. Nicht zu enge Fugen lassen die Ansiedlung von Kräutern, Gras und Moos zu, so daß auch Betonsteine einigermaßen natürlich wirken können.

In den letzten Jahren fanden Verbundbetonsteine schnelle Verbreitung, besonders dort, wo Beläge befahrbar sein müssen. Durch die Verzahnung wird ein sehr beständiger Belag ermöglicht.

Verbundbetonsteinpflaster.

Betonsteinpflaster.

Kleinere Steine sind auf jeden Fall bei Belägen, die befahren werden müssen, vorzuziehen, da sich das Gewicht des Fahrzeuges gleichmäßig verteilt, während der Raddruck große Platten leicht brechen läßt, da sie einseitig belastet werden können.

Klinkerpflaster

Klinker sind frostbeständige, hartgebrannte Steine aus Tonerde, die es in den Farben Gelb, Rot und Braun gibt. Die Formate sind in der Regel 20 x 10 cm und 24 x 11 cm mit 5–10 cm Stärke. Neuerdings gibt es auch größere Platten von 30 x 30 cm.
Lochklinker lassen sich wie Rasengitterplatten verlegen und ergeben durch die Vielzahl der Löcher einen regelmäßigen Grasbewuchs.

Verlegearbeiten

Beim Verlegen von Platten wird das vorbereitete Sandbett mit einer Maurerkelle oder einem Brettstück glattgestrichen, die Platte aufgelegt und mit einem Gummihammer oder Fäustel und zwischengelegtem Hartholzbrett auf die richtige Höhe geklopft.
Anschließend klopft man an den Rändern zur zusätzlichen Stabilisierung der Platte Sand unter. So wird Platte für Platte verlegt und ständig mit der Wasserwaage kontrolliert. Die Fugen werden mit Sand aufgefüllt. Für rechteckige Platten wird die Setzlatte immer wieder an eine Seite gelegt, um die gerade Linie zu überprüfen.
Bei Pflastersteinen wird entweder unregelmäßig Stein neben Stein verlegt oder quer

zur Gehrichtung werden Reihen angelegt. Am schwierigsten sind Bogenpflaster zu verlegen. Sie ergeben aber die stabilste Fläche. Beim Verlegen aller Pflastersteine werden die Steine mit engen Fugen von 3–5 mm aneinandergelegt, und zwar so, daß sie mit einem Viertel des Steins über die endgültige Belaghöhe hinausragen. Nach dem Prüfen mit Setzlatte und Wasserwaage wird Sand in die Fugen gefegt, und die Pflastersteine werden mit einem eisernen Handstampfer auf die richtige Höhe gebracht. Danach wird nochmals Sand eingefegt und mit feiner Spritzdüse Wasser eingeschlämmt. Erst dadurch entsteht die Festigkeit. Nach einiger Zeit kann sich eine Nachbehandlung mit Sand und Wasser ergeben, da die ersten Regengüsse den Sand zu weiterem Setzen bringen.
Bei Verbundsteinen wird fugenlos Stein an Stein gelegt und ohne Sandverfugung mit dem Handstampfer auf die richtige Höhe gebracht. Durch den Verbund wird der Belag stabilisiert.
Klinker werden genau wie Pflastersteine mit 3–5 mm Fugen und Sandeinschwemmung verlegt.

Bogenpflaster.

Einfache Stellstufen aus Holz und Kies als Auffüllung.

Treppen

Zur Gliederung eines Gartens und bei stärkerem als 7%igem Gefälle werden Stufen notwendig und bilden dann auch ein nicht zu übersehendes Gestaltungselement.

Die Herstellung von einigen Stufen kann auch vom Laien bewältigt werden. So können niedrige Mauern durch Vorlage von 2 oder 3 Stufen ohne Unterbrechung weitergeführt werden. Bei starkem Gefälle verbinden einige Stufen die entstandenen Terrassen.

Grundsätzlich ist davon auszugehen, daß die Trittflächen bei Stufen rauh und trittsicher sein müssen. Es darf kein Oberflächenwasser stehenbleiben.

Stufen über 17 cm Höhe sind zu vermeiden, je flacher die Stufen, desto bequemer können sie begangen werden.

Auf seitliche Einfassungen sollte verzichtet werden, wenn sie sich nicht durch eine Mauer ergeben. Die Breite von Treppen richtet sich nach der des Weges.

Es sieht optisch besser aus und erleichtert das Treppensteigen, wenn der Weg vor der untersten Stufe bereits ein wenig ansteigt und ebenso nach der obersten Stufe.

Es gibt mehrere Stufenarten. Legstufen bestehen aus einem Unterbau und einer vorspringenden Platte, Blockstufen aus ganzen Steinblöcken. Stellstufen ergeben sich, wenn ein Kantstein hochkant gesetzt wird und der Wegbelag die Füllung für die Stufen bildet.

Heute finden U-Steine bei der Anlage von Treppen immer mehr Verwendung.

Die Stufenzahl errechnet man folgendermaßen: Zunächst ermittelt man mit der Meßlatte, die man waagerecht auf die höchste Stelle des zu überwindenden Höhenunterschiedes und an der untersten Stelle auf eine senkrechte Latte legt, die Länge der Treppe. Die senkrechte Latte ergibt die Höhe. Nun rechnet man die Stufenanzahl, deren Höhe (11–17 cm) und Tiefe (30–42 cm) aus.

Bei geschwungenen Treppen gilt die Treppenmitte als Maß für die Stufentiefe.

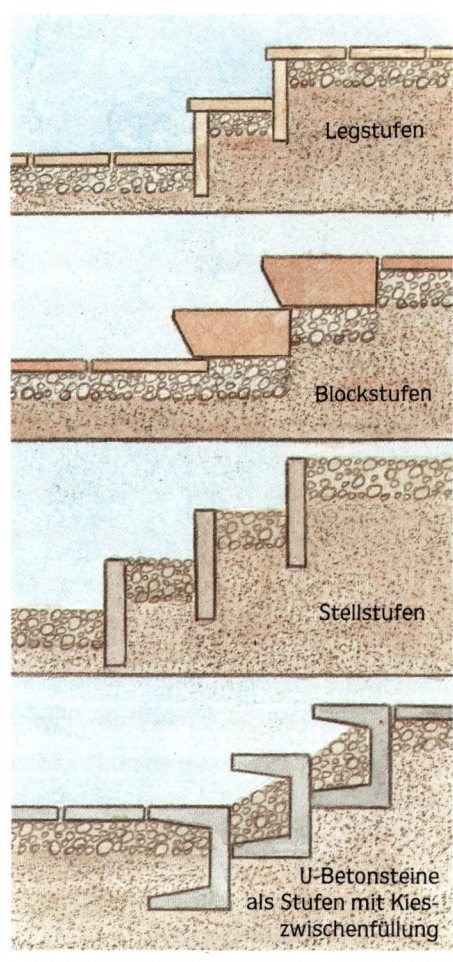

Legstufen

Blockstufen

Stellstufen

U-Betonsteine als Stufen mit Kieszwischenfüllung

Bei Block- und Legstufen ist die Tiefe immer um 2–3 cm länger zu bestellen, da die Stufen um dieses Maß aufeinanderliegen. Die Stufenhöhe muß um 1 cm weniger bestellt werden, da Gartenstufen ein schwaches Gefälle haben müssen.

Bei mehr als 3 Stufen werden von den Baubehörden an einer Treppenseite Handläufe verlangt.

Fundamente

Als man keinen Beton kannte, wurden alle Treppen ohne Betonfundament verlegt. Wenn es nicht unumgänglich ist, sollte man auch heute darauf verzichten. Bis zu 3 Stufen lassen sich ohnehin ohne ein solches Fundament verlegen.

Meist reicht es aus, die Treppenfläche auf 30 cm Tiefe zu planieren, mit 20 cm grobem Kies oder Schotter zu bestreuen und darauf noch eine 10 cm hohe Ausgleichsbetonschicht zu bringen.

Der Beton wird in einer Schubkarre aus 1 Teil Normalzement und 4 Teilen Kies gemischt. Danach wird nach und nach Wasser zugesetzt, bis ein dicker Brei entstanden ist. Der Ausgleichsbeton wird nur jeweils für eine Stufe eingefüllt. Man beginnt mit der untersten und muß maßgenau arbeiten. Das leichte Gefälle nicht vergessen!

Alle weiteren Stufen sitzen mit etwa 2 cm auf der vorhergehenden auf.

Zum Schluß wird der Bodenaushub zu beiden Seiten der Treppe so weit aufgefüllt, daß die Hinterkante jeder Stufe mit der Geländelinie übereinstimmt.

Mauern

Die schon öfter erwähnte Trockenmauer ist für den Biogarten besonders geeignet, da sie Eidechsen, Käfern und anderen Insekten Unterschlupf gewährt.

Die Trockenmauer kann als Stützmauer für abrutschendes Erdreich gebaut werden. Sie besteht einseitig aus lose aufeinander gesetzten Feldsteinen, Naturplatten oder Bruchsteinen und hat immer eine Neigung von mindestens 10% zum Erdreich hin; die Dossierung, daß heißt, auf 1 m Höhe weicht die Mauer um 10% von der Senkrechten ab. Die großen Steine liegen auf einer 20 cm hohen Kiesschicht. Je mehr die Mauer wächst, desto kleiner werden die Steine. Man legt sie so aufeinander, daß sie sich in der Form möglichst gut ergänzen.

In die Fugen wird ab und zu Erde gefüllt, um die Mauer stabiler zu machen. Ein Teil der Mauer bleibt als Zuflucht für kleine Tiere offen. Dagegen siedeln sich in den mit Erde gefüllten Fugen Pflanzen an.

Aber auch als niedrige freistehende Mauer zur Abgrenzung eines Gartenteils und gleichzeitig als wichtiger Lebensraum für Tiere und Pflanzen ist die Trockenmauer von großem Wert.

In diesem Fall wird die Mauer doppelseitig aufgebaut. Sie darf nicht zu schmal sein. Bei 1 m Höhe und einer Dossierung von 10% ist der Mauerfuß 80 cm dick, die Krone 60 cm. Das Innere wird zwischen der Doppelreihe Steine mit Erde aufgefüllt. Oben kann man die Mauer mit Stauden bepflanzen oder eine Ökowiesenmischung einsäen.

Einseitige Trockenmauer (Schnitt).

Doppelseitige Trockenmauer (Schnitt).

Ein Biogarten wird angelegt

Wenn ein Plan für die Gartenanlage zu Papier gebracht ist, wobei man am besten den Maßstab 1:50 wählt, damit Einzelheiten nicht gar zu klein dargestellt sind, dann sollte sich jeder fragen, ob er nicht doch noch einen Gartenarchitekten zu Rate ziehen muß.

Es ist in jedem Falle gut, wenn man seine eigenen Ideen entwickelt und in einer Zeichnung festgehalten hat. Für einen kleineren Garten kann man auch selbst an die Ausführung seines Planes gehen. Die Arbeiten für die Anlage eines Gartens auf einem größeren Gelände sind jedoch so umfangreich, daß man sich leicht übernehmen kann.

Ein Gartenarchitekt hat jahrelange Erfahrungen und kann auch Maschinen einsetzen, an die man als Laie nicht so leicht herankommt. Niveauveränderungen allein mit Spaten und Schubkarre zu bewältigen, stelle man sich nicht so leicht vor. Wer den ganzen Tag am Schreibtisch sitzt und körperliche Arbeit gar nicht gewöhnt ist, kann sich bei solchen Arbeiten geradezu gesundheitliche Schäden holen, zumal der Boden um einen Bau herum oft gar kein Boden mehr ist. Er kann hart wie Beton sein, Bauabfälle enthalten und mit dem Spaten überhaupt nicht mehr zu bewältigen sein, zumal der Mutterboden ja gerettet wurde und der Unterboden monatelang Verdichtungen durch Baumaschinen und Tritte erfahren hat. Ist der Unterboden auch noch besonders tonhaltig, kann man mit normalen Gartengeräten nichts erreichen.

Es gilt nun erst einmal, den Unterboden für den Auftrag des inzwischen gut vorbereiteten Mutterbodens zu erschließen.

Zwar wachsen viele Gartenpflanzen hauptsächlich in der Mutterbodenschicht, aber je zugänglicher der Unterboden für die Wurzeln von Sträuchern und Bäumen gemacht wird, desto weniger muß man sich später um diese Pflanzen kümmern. Ihre Wurzeln können tief in die Erde eindringen und sich Nährstoffe und Wasser aus tieferen Bodenschichten erschließen. Stehen größere Pflanzen auf einem verhärteten Unterboden, dann kann Regen- und Gießwasser nicht abfließen. Es kommt zu Staunässe. Die Wurzeln erhalten keinen Sauerstoff und faulen. Das führt zu Pflanzenkrankheiten und Schädlingsbefall.

Deshalb ist es wichtig, den Unterboden so tief wie möglich zu lockern. Nachdem die Bodenmodellierung nach Plan vorgenommen worden ist, wobei aller möglicher Baustellenunrat herausgelesen wird, beginnt die Lockerung des Unterbodens. Dort, wo mit dem Bagger Bodenerhöhungen herausgearbeitet werden, ist der aufgeschüttete Boden ohnehin bereits tief gelockert. Um sich viel Arbeit zu ersparen, streut man gleich, während der Bagger den Boden verschiebt, Alginure-Granulat auf den Unterboden. Der Bagger vermengt Alginure gründlich mit dem Unterboden.

Die tieferen Lagen müssen dann erneut mit Alginure-Granulat bestreut und der Unterboden gründlich und tief durch die Baggerschaufel gelockert werden. Diese Vorbereitungen sind nötig, wenn man eine gute Verbindung zwischen Unter- und Mutterboden erreichen will.

Jeder gute Mutterboden hat ein bedeutend größeres Wasserhaltevermögen als der beschriebene Unterboden eines jeden Baugeländes. Bei Regen nimmt der Mutterboden beträchtliche Mengen Wasser auf und vergrößert dadurch sein Gewicht. Ist der Mutterboden mit Wasser vollgesogen, beginnt er, Wasser an den Unterboden abzugeben. Die im Unterboden vorhandenen Kolloide (fein verteilte Stoffe) lösen sich ähnlich wie Seife. Die Folge ist bei Neigung des Geländes, daß der kostbare Mutterboden abrutscht.

Selbst bei ebenem Gartengelände ist die Behandlung mit Alginure-Granulat zu emp-

Alginure ist das bisher einzige Polyuronidkonzentrat in verschiedenen Aufbereitungen, abgestimmt auf unterschiedliche Anwendungsgebiete im Pflanzenanbau. Polyuronide sind organisch gebundene Kohlenwasserstoffe, die den Boden anbaufähig und fruchtbar machen. Sie sind in der Erde, in Pflanzen, Tieren und Menschen als Grundelement der belebten Natur vorhanden. Pflanzliche, tierische und menschliche Abfälle sind in den verschiedenen Stadien ihres Zerfalls Quellen für Polyuronide. Diese Polyuronide haben jedoch weitgehend eine unstabile Form, die nur zu vorübergehender Begünstigung von Bodenstrukturbildung, Wasser- und Nährstoffspeichervermögen, Pufferung, biologischer Aktivität und Fruchtbarkeit führt.

Alginure sorgt für sofortige Bewurzelung und Tiefenausschlag der Wurzeln frischer Pflanzungen und begünstigt auch die Bewurzelung vorhandener Pflanzenbestände.

Im Boden enthaltener Gesteinsphosphor wird von Alginure freigesetzt und den Pflanzen verfügbar gemacht. Das an Eisen im Boden gebundene Kali wird ebenfalls den Pflanzen durch Alginure zugänglich.

Die Verrottung wird durch Alginure gefördert, der Boden erwärmt sich rasch und bekommt schnell eine dunkelbraune Färbung. Die Pflanzen erhalten eine größere Widerstandsfähigkeit gegen Windbruch. Selbst Stürme richten weniger Schäden bei den Pflanzen an.

Ausgezeichnete Böden können mit der Zeit zu Mangelböden werden. Die auf solchen Böden wachsenden Pflanzen bilden kaum noch neue Wurzeln. Sie verlieren an ober- und unterirdischem Volumen. Sie nehmen an Schönheit ab und schießen in die Höhe, um in ihrer lebensbedrohenden Not noch Samen bilden zu können. Meist wird in solch einem Falle angenommen, daß die Pflanzen überaltert seien. Die Zufuhr von Alginure in die Wurzelregion normalisiert das Wachstum jedoch wieder, und es stellt sich heraus, daß die Pflanzen keineswegs überaltert sind, sondern nur unter einem Mangel an organisch gebundenen Kohlenstoffen litten.

Solitärpflanzen können mit Hilfe von Alginure in ausgewachsenem Zustand verpflanzt werden. Innerhalb von wenigen Tagen zeigen solche Pflanzen, bei denen es sich meist um Bäume oder Sträucher handelt, bereits durch ihr erneutes Wachstum an, daß die Bewurzelung sofort nach dem Verpflanzen eingesetzt hat.

Alginure erhöht die Reaktionsfähigkeit der Pflanzen bei plötzlichen Witterungsveränderungen. Vor allem kann bei Frosteinbruch leicht die Rinde platzen, wenn die Pflanzen nicht ausreichend reagieren können.

fehlen, da die Verbindung von Unter- und Oberboden beschleunigt und in kurzer Zeit auch der obere Teil des Unterbodens zu Mutterboden wird. Durch Regen entsteht keine stauende Nässe bei tonigem Boden, da die Bodendränage durch Alginure sehr verbessert wird. Bei Sandboden wird die Wasserhaltefähigkeit um das Vielfache erhöht.

Um dem Baggerführer die Modellierung des Bodens zu erleichtern, werden übrigens vor Beginn der Arbeiten Holzpflöcke, deren Köpfe rot markiert sind, zur Orientierung überall dort in den Unterboden geschlagen, wo Hügel, Böschungen oder Terrassen angelegt werden sollen. Bei Hügeln kommt ein Pflock mit der entsprechenden Höhenangabe in die Mitte des späteren Hügels. Zusätzlich wird der Fuß des Hügels durch einige Pflöcke gekennzeichnet.

Nach der Vollendung der Modellierung des Unterbodens werden vor dem Auftragen des Mutterbodens alle Hauptwege angelegt, denn ist der Mutterboden erst einmal auf den Unterboden verteilt, sollte er nicht mehr betreten werden, schon gar nicht nach einem Regen.

Die Belastung des nassen Bodens führt zur Zerstörung der Bodenstruktur und Behinderung der im Boden arbeitenden Bakterien. Der Boden vermoost dann leicht, was besonders bei Rasenflächen lästig ist.

Auf breiten Beeten, die für Zierpflanzen vorgesehen sind, legt man nach dem Mutterbodenauftrag in unregelmäßigen Abständen Natursteine aus, die oben eine so breite Fläche haben, daß man auf dieser bequem stehen kann. Solche Beete kann man auch dann bearbeiten, wenn die Erde noch nicht gänzlich abgetrocknet ist.

Nun wird der Mutterboden im Gartengelände verteilt. Ist er so vorbereitet worden, wie es in dem Kapitel »Vorsorge für den Boden« beschrieben wurde, dann hat man nicht nur einen fruchtbaren Oberboden gewonnen, sondern er hat sich durch die Arbeit der Bodenorganismen und die Gründüngungspflanzen sogar vermehrt.

Sollte er wider Erwarten durch die Vergrößerung der Gartenoberfläche bei Niveauunterschieden nicht ausreichen, muß man Rindenhumus zukaufen.

Man verteilt zuerst den Mutterboden gleichmäßig auf die Gartenfläche. Liegt die Höhe allgemein etwa bei 15 cm, braucht man keine weiteren Maßnahmen zu ergreifen. Liegt die Höhe unter 15 cm, trägt man gleichmäßig Rindenhumus auf und streut zusätzlich einen guten Mischdünger, wie Ecovital, dünn darüber und dazu noch Alginure-Granulat. Diese Zugaben werden flach eingearbeitet. Nun kann es an die Bepflanzung mit Bäumen und Sträuchern gehen.

Dabei ist zu bedenken, zu welcher Jahreszeit Bäume und Sträucher gepflanzt werden sollen, damit sie möglichst schnell bewurzeln.

Containerpflanzen lassen sich zu jeder Zeit pflanzen. Laub- und Obstgehölze können bereits im Herbst gepflanzt werden, ehe der Boden durch Frost hart wird. Sie haben sich dann im Frühjahr bereits an ihren neuen Standort gewöhnt. Da sie im Winter kein Laub haben, können sie kein Wasser über ihre Blätter verdunsten und leiden über

Winter nicht an Wassermangel, denn Wasser läßt sich bei Frost nicht ergänzen.

Anders ist es bei Nadelgehölzen, die ihre Nadeln nicht abwerfen. Durch die Verdunstung über die Nadeln laufen sie Gefahr, unter Wassermangel zu leiden. Das ist der gründlichen Bewurzelung aber nicht förderlich.

Alle unbepflanzten Flächen erhalten bis zur Bepflanzung Gründüngung, da anderes Material für die Bodenbedeckung auf freien Flächen kaum zur Verfügung stehen dürfte, es sei denn, man kann sich von Nachbarn oder Bekannten Rasenschnitt oder Herbstlaub besorgen oder kauft Rindenmulch.

Als Gründüngungspflanzen sät man je nach Jahreszeit verschiedene Leguminosen, Phacelia, Gelbsenf, Ölrettich, Winterraps oder Sonnenblumen ein.

Auf keinen Fall darf man den Boden unbedeckt liegenlassen. Wenn man gar keine Möglichkeit hat, den Boden zu bedecken, beispielsweise, wenn man mitten im Winter den Boden so weit vorbereitet hat, daß er eine Gründüngungseinsaat erhalten könnte, dann besteht immer noch die Möglichkeit, den Boden mit dem Vlies Agryl P 17 oder einer schwarzen Mulchfolie zu überdecken. Nähere Einzelheiten über Gründüngungspflanzen sind in dem Buch dieser Serie »So wird mein Garten zum Biogarten« zu finden.

Dauerblühende Strauchrose, »Bischofsstadt Paderborn«, mit großen leuchtenden Blüten. Züchter: Kordes' Söhne, einer der bekanntesten Züchter in der Bundesrepublik Deutschland.

Das Anlegen von Hecken

Wenn man eine Vielfalt von Tieren, vor allem Nützlinge, in seinem Garten beherbergen will, dann halte man sich bei der Bepflanzung des Biogartens an einheimische Gehölze. Unsere einheimische Vogelwelt beispielsweise ist nicht immer begeistert, wenn sie fremdländische Bäume und Sträucher als Nistplätze angeboten bekommt, und auch die Beeren von ausländischen, asiatischen oder amerikanischen Gehölzen werden teilweise von unseren einheimischen Vögeln verschmäht.

Die Voraussetzung für Artenvielfalt mit vielen Nützlingen schaffen wir selbst, wenn wir einheimische, standortgerechte Pflanzen setzen. Die Nützlinge sorgen dann von allein für die Dezimierung von Schädlingen oder lassen diese erst gar nicht aufkommen.

Zu dieser ersten Voraussetzung für einen gesunden Biogarten, nämlich die Pflanzung einheimischer Gehölze, kommt hinzu, daß man möglichst viele verschiedene Bäume und Sträucher auswählt, damit zu jeder Zeit und für jedes Tier der Tisch gedeckt ist.

Man pflanzt möglichst natürlich wirkende Hecken, die aus unterschiedlichsten Gehölzen bestehen, unregelmäßig verlaufen und in so weiten Abständen gepflanzt werden, daß sie in ausgewachsenem Zustand genügend Platz haben.

Wie schon eingangs beschrieben, dient die Hecke – außer zur Erhaltung oder Erhöhung der Anzahl der Nützlinge – als Windschutz, grundsätzlich als Sichtschutz, zur Verminderung von Lärm, Staub und Abgasen von nahegelegenen Straßen und zur Verbesserung des Kleinklimas.

Der Heckentyp richtet sich nach der Größe des Gartens und danach, was man alles im Garten haben will. Auch ein größerer Garten reicht nicht aus, wenn man alles haben will, also einen möglichst großen Rasen, aber auch eine ausgedehnte Ökowiese, viele Obstbäume, zahlreiche Sitzgruppen, einen Grillplatz, Teich und Bach, vielleicht auch noch ein Schwimmbad, in dem man täglich seine Bahnen schwimmen kann, und einen großen Nutzgarten, weil die Familie groß ist und möglichst ganzjährig mit Gemüse aus dem eigenen Biogarten versorgt werden soll. Und für diesen Zweck ist unbedingt noch ein Gewächshaus nötig, in dem man außer Gemüse aber auch noch einen Platz zum Kaffeetrinken braucht, der von Zierpflanzen umgeben sein muß.

In diesem Fall, und wenn es sich um einen kleineren Garten handelt, wählt man als äußere Abgrenzung die Schnitthecke und teilt die unterschiedlichen Bereiche durch schmale Gerüste für Schling- und Kletterpflanzen, Spaliere für Himbeer- und Brombeerpflanzen oder durch Beerensträucher ab, soweit man überhaupt abgrenzen will. Während die Schnitthecke platzsparend ist, aber abgrenzend wirkt, erscheint die freiwachsende Hecke dagegen nach außen und innen als ein natürlicher Übergang. Von außen vermutet man bei geschickter Gliederung der freiwachsenden Hecke kaum einen Garten, von innen erwartet man eher eine bewaldete Gegend als eine Straße oder ein Nachbargrundstück. Allerdings benötigt diese Art der Hecke verhältnismäßig viel Platz.

Hecken haben auch den Vorzug, kostspielige Zäune überflüssig zu machen und häßliche Drahtzäune zu verdecken. Bei allen Heckenarten muß man die Nachbarrechte beachten und darf auch Hecken nicht in einen Gehweg hineinragen lassen. Deshalb pflanzt man Sträucher wenigstens 70 cm von der Grundstücksgrenze weg. Man muß sich dabei nach der Breite der Hecke in ausgewachsenem Zustand richten. Soll ein Drahtzaun durch die Hecke unsichtbar werden, setzt man den Zaun etwa 20–30 cm von der Gartengrenze einwärts.

Bei freiwachsenden Hecken gibt es drei For-

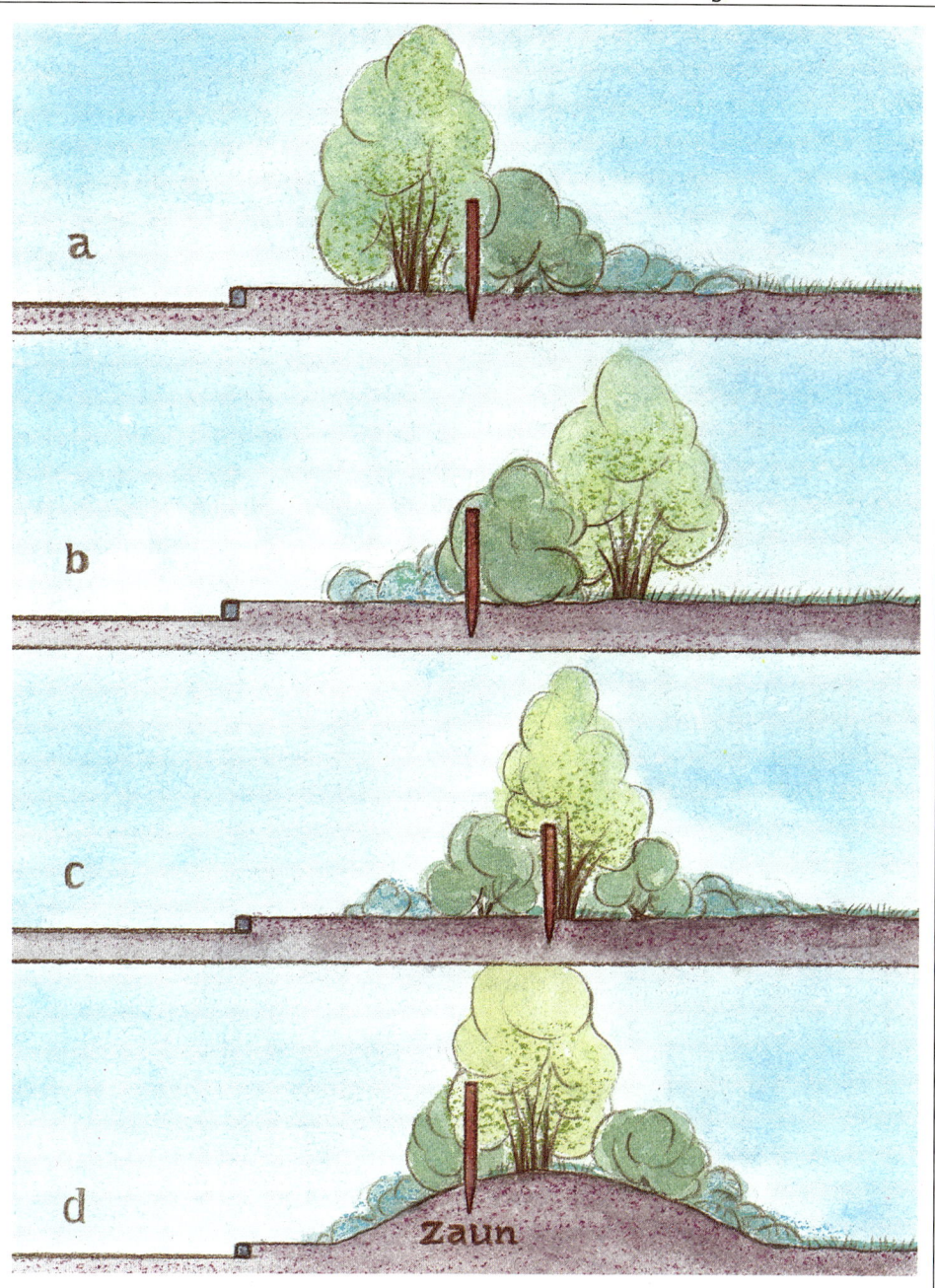

Heckenarten im Schnitt:
a) außen hohe Sträucher, innen niedrige, b) umgekehrt wie a, c) in der Mitte hoch, an beiden Seiten niedrig, d) wie c, aber mit aufgeschüttetem Hügel.

men: Erstens die beiden, für die man weniger Platz braucht. Für diese kann man die höchsten Pflanzen einmal direkt am Zaun haben und nach innen immer niedrigere Pflanzengruppen anlegen, zum anderen gibt es auch die Möglichkeit, die kleineren Pflanzen außen zu setzen und die größeren innen. In letzterem Falle ist es günstiger, den Zaun so weit nach innen zu verlegen, daß seine Höhe von den größeren Pflanzen verdeckt wird.

Steht einem sehr viel Platz zur Verfügung, läßt man die Pflanzen nach innen und außen niedriger werden.

Für die **Schnitthecke** verwenden wir eine Reihe Großgehölze, die sich durch den Beschnitt in günstiger Höhe halten lassen. Will man schnell eine hohe, aber schmale Hecke haben, so kann man größere Eiben der Sorte Taxus baccata »Fastigiata Auren« pflanzen. Diese vertragen verschmutzte Luft gut.

Eine beliebte, und anspruchslose Heckenpflanze ist der Liguster (Rainweide). Er verträgt Trockenheit und verschmutzte Luft, gedeiht sowohl im Halbschatten als auch in praller Sonne. Besonders geeignet ist die Sorte Ligustrum vulgare »Atrovirens«, die ihre grünen Blätter bis zum Frühjahr am Strauch behält.

Auch die Schneebeere (SYMPHORICARPOS ALBUS) ist eine anspruchslose Hecken-

Herbstfärbung bei der Hain- oder Weißbuche.

pflanze, die überall wächst, selbst in sehr mageren Böden, im Schatten und in verschmutzter Luft. Sie treibt viele Ausläufer, die vermindert werden müssen. Einmal in 5 Jahren sollten alle älteren Zweige ausgeschnitten werden.

Sehr beliebt ist auch die Hain- oder Weißbuche (CARPINUS BETULUS), die in Europa und im Kaukasus beheimatet ist. Sie läßt sich gut schneiden, ist winterhart, anspruchslos und verträgt Abgase gut. Beliebt ist diese Heckenpflanze vor allem auch deshalb, weil sie ihr von Gelb und Orange bis zu verschiedenen Brauntönen schön gefärbtes Herbstlaub den Winter über behält.

Ganz ausgezeichnet verträgt auch der Buchsbaum (BUXUS SEMPERVIRENS) den Schnitt, wird er doch in Barockgärten zu Ornamenten und Figuren geschnitten. Er ist recht anspruchslos, verträgt Trockenheit, viel Sonne, aber auch Schatten und Abgase. Allerdings wirkt er etwas starr und hart, da seine Zweige sehr gerade wachsen und die Blätter ledrig sind, während die aus den Blattachseln wachsenden Blütenbüschel kaum in Erscheinung treten.

Als niedrigere Schnitthecke eignet sich Berberitze (BERBERIS JULIANAE). Sie erreicht eine Höhe von 1,5 m, hat leuchtendgelbe bis orangefarbene Blüten und im Herbst bläulich bereifte Beeren. Wie alle Berberitzen hat die Pflanze Stacheln.

Noch niedriger kann man folgende Berberitzen halten: B. thunbergii, B. thunbergii »Atropurpurea«, B. wilsoniae. Auch unter den Ligusterarten gibt es niedrige, nämlich Ligustrum vulgare »Lodense«. Die Weißbuche läßt sich bei regelmäßigem Beschnitt ebenfalls gut auf einer Höhe von 1 m halten. Für eine niedrige Schnitthecke eignet sich außerdem die anspruchslose Blutjohannisbeere (RIBES SANGUINEUM ATRORUBENS) mit schönen roten Blüten.

Auch der Feldahorn (ACER CAMPESTRE) wird gelegentlich als Schnittheckenpflanze verwendet. Er ist anspruchslos, wächst schnell und verträgt verschmutzte Luft. Allerdings verliert er im Herbst in wenigen Tagen die leuchtendgelb gefärbten Blätter.

Freiwachsende Hecke mit vielen Blüten-
sträuchern.

Für die **freiwachsende Hecke** gibt es eine reichhaltigere Auswahl von Bäumen und Sträuchern, solche mit herrlichen Blüten, andere, deren Beeren farbenprächtig den Herbst verschönern und zudem den Vögeln reichlich Nahrung anbieten. Wir finden unter ihnen immergrüne Pflanzen, solche, die ihr Laub bis in den Frühling hinein behalten, und andere, die ihr Laub im Herbst verlieren. Bei soviel Auswahl kann man alle Wünsche zufriedenstellen.

Wählt man eine freiwachsende Mischhecke, die vielen Menschen am natürlichsten erscheinen mag, so ist zu beachten, daß alle Pflanzen in ausgewachsenem Zustand ausreichend Platz zur Verfügung haben müssen.

Wählt man von einer Sorte mehrere Pflanzen, die man in einer oder mehreren Gruppen zusammenpflanzt, so kann man sie in den meisten Fällen dichter setzen, als wenn verschiedene Sorten nebeneinanderstehen. Pflanzen derselben Sorte durchdringen sich meist und schädigen sich dabei nicht.

Besonders rasch wachsende Pflanzen, wie Weißbuche, Feldahorn, Hartriegel oder Holunder, verdrängen gern langsamer wachsende, weniger robuste Gewächse. Der so anspruchslose Liguster beispielsweise kommt gegen einen Traubenholunder oder einen Hartriegelstrauch nicht auf, wenn er zu dicht neben diese Sträucher gesetzt wurde. Bald windet er sich wie eine Schlingpflanze am Boden entlang, um ans

Licht zu kommen. Will man dem Liguster bei zu geringem Abstand Geltung verschaffen, muß man die schneller wachsenden Sträucher bis auf den Stamm zurückschneiden. Dann allerdings erlebt man nie die Blütenpracht und die Beerenfülle des Tellerholunders oder die rot leuchtenden Beeren des Traubenholunders, weil die einjährigen Triebe keine Blüten tragen.

Die bereits erwähnten, für Schnitthecken günstigen Eiben eignen sich selbstverständlich auch sehr gut für die Anpflanzung in einer freiwachsenden Hecke.

Von den Nadelhölzern bewähren sich für eine freiwachsende Hecke auch die Gemeine Fichte (PICEA ABIES, auch Rotfichte genannt) und die Douglasie (PSEUDOTSUGA MENZIESII), die von dem schottischen Gärtner Douglas 1827 von Nordamerika nach Europa eingeführt worden ist.

Die Douglasie erinnert an unsere Weißtanne und wird seit langem in unseren Wäldern angepflanzt, wo sie sich bewährt hat und wegen ihrer guten Holzqualität sehr geschätzt wird.

Sowohl die Fichte als auch die Douglasie brauchen Platz, damit sie nicht die Nadeln der unteren Äste verlieren.

Zu diesen verhältnismäßig rasch wachsenden hohen Bäumen unter den Nadelhölzern kommen noch einige niedrige hinzu, die sich ebenfalls für eine freiwachsende Hecke eignen. Unter den Eiben kommt die Japanische Eibe (TAXUS CUSPIDATA) in Frage, die breit ausladend wächst, aber niedrig bleibt. Auch die Berg- oder Krummholzkiefer (PINUS MUGO SSP. PUMILIO) gehört zu den niedrigen Nadelhölzern. Sie erreicht eine Höhe von etwa 1 m, wird aber bis zu 4 m breit.

Die für Schnitthecken geeigneten Laubgehölze sind ebenfalls beliebte Pflanzen in freiwachsenden Hecken. Will man auch im Winter einen durchgehenden Sichtschutz für seinen Garten haben, dann wechselt man in der freiwachsenden Hecke Nadelhölzer mit solchen Laubhölzern, die ihr Laub im Winter behalten. Außer den bereits erwähnten Sträuchern für Schnitthecken, wie Weißbuche, Buchsbaum, Liguster und

Berberitze, gibt es noch weitere Pflanzen, die ihr Laub nicht im Herbst abwerfen.

Sehr beliebt ist heute der Feuerdorn (PYRA-CANTHA), der erst im Frühjahr die Blätter abwirft und im Herbst mit orangegelben bis roten Beeren übersät ist. Die Färbung der Beeren richtet sich nach der Sorte. Der Feuerdorn ist anspruchslos und schützt durch seine Stacheln weitgehend vor Einbrechern. Man pflanzt ihn deshalb gern vor Fenster, die ohne solch einen stachligen Schutz leicht zugänglich wären.

Obwohl der Feuerdorn nicht zu den einheimischen Gehölzen gehört, werden seine Beeren sehr gern von unseren Vögeln gefressen. Man lockt beispielsweise den heute nicht sehr verbreiteten Kernbeißer mit Feuerdorn an. Auch die rotbäuchigen Dompfaffen sind von den orangefarbenen Beeren begeistert, ganz abgesehen von Meisen, Amseln und Finken.

Als Abschluß einer freiwachsenden Hecke eignet sich die Zwergmispel (COTONEASTER HORIZONTALIS), die höchstens 1 m hoch wird und mit ihren immergrünen Blättern den Boden abdeckt. Die kleinen weißen Blüten sind unscheinbar, um so augenfälliger aber die leuchtendroten Früchte. Die Pflanze ist anspruchslos und verträgt verschmutzte Luft.

Auch beim Schneeball gibt es eine immergrüne Art, Viburnum rhytidophyllum. Dieser Strauch, der bis zu 3 m hoch wird, ist nicht ganz frosthart, erneuert sich jedoch nach dem Rückschnitt schnell. Er verträgt Trockenheit und ist anspruchslos, blüht weiß, und seine Beeren sind zuerst rot, später schwarz. Diese langblättrige Art stammt aus China.

Sein europäischer rundblättriger Verwandter ist der laubabwerfende Strauch namens Wolliger Schneeball (VIBURNUM LANTANA). Er verträgt ebenfalls Trockenheit, liebt Sonne oder Halbschatten und verlangt nährstoffreichen, kalkhaltigen Boden.

Beide Sträucher werden verhältnismäßig groß und eignen sich deshalb mehr für große Gärten.

Mit dem Wolligen Schneeball sind wir bei den laubabwerfenden Sträuchern angelangt. Die für Schnitthecken geeigneten, wie Alpenjohannisbeere, Feldahorn und Schneebeere, sind auch für die freiwachsende Hecke brauchbar.

Gern gepflanzt wird auch die anspruchslose Kornelkirsche (CORNUS MAS), die noch vor der Belaubung in gelben Sträußchen blüht und im Herbst leuchtendrote Steinfrüchte trägt, die auch bei Vögeln als Futter beliebt sind. Sie gedeiht in Sonne und Halbschatten und verträgt Trockenheit sowie verschmutzte Luft.

Für große Gärten eignen sich sowohl der Bluthartriegel (CORNUS SANGUINEA), dessen junge Zweige eine rote Färbung aufweisen, als auch zwei Kreuzdornarten: Rhamnus catharticus und Rhamnus frangula (der Faulbaum). Diese Sträucher sind anspruchslos, wachsen schnell und lassen sich beliebig zurückschneiden.

Ebenfalls gut geeignet für größere Gärten ist die Rote Heckenkirsche (LONICERA XYLO-STEUM). Der weißgelblich blühende Strauch erfreut uns mit roten Beeren und wird 2–3 m hoch. Als Unterholz ist er sehr beliebt.

Auch die im Mai rot, rosa oder weiß blühende Heckenkirsche (LONICERA TATARICA) ist nur für große Gärten geeignet, denn auch sie erreicht eine Höhe von 3 m. Ihre Beeren reifen im Juli orangerot.

Beide Sträucher sind anspruchslos, vertragen Sonne und Halbschatten sowie verschmutzte Luft.

Wegen der purpurroten Färbung der Blätter im Herbst wird in größeren Gärten gern das Pfaffenhütchen (EUONYMUS EUROPAEUS) gepflanzt. Am besten gedeiht es in feuchten Böden und im Halbschatten, nimmt aber auch mit anderen Bedingungen vorlieb.

Ebenso abwechslungsreich wirken die den ganzen Sommer und Herbst hindurch dunkelroten Blätter der Blutpflaume (PRUNUS CERASIFERA »NIGRA«).

Sehr gern wird auch die Haselnuß (CORYLUS AVELLANA) gepflanzt. Ihre großen Blätter decken gut gegen Sicht ab. Die hängenden

Spitzblättriger Spierstrauch: reichblühend von April bis Ende Mai.

Abgestufte freiwachsende Hecke mit der Strauchrose Gay Vista.

Kätzchen kündigen den Frühling an. Es gibt einige besonders schöne Sorten wie C. avellana »Aurea« mit gelben Blättern beim Austreiben, C. avellana »Contorta«, bekannt als Korkenzieherhasel. Kinder wie Erwachsene und Eichhörnchen freuen sich über die Nüsse.

Außergewöhnlich beliebt ist auch der Spierstrauch (SPIRAEA) mit den Sorten S. x arguta und S. x vanhouttei. Die reich und weiß blühenden Zweige hängen über, wie mit Schnee bedeckt.

Der Besenginster (CYTISUS SCOPARIUS) gedeiht überall, besonders gut aber in sandigen, trockenen und sauren Böden. In strengen Wintern erleidet er leicht Frostschäden, regeneriert sich jedoch leicht von unten heraus.

Für blühende Hecken und als Nistplätze von Vögeln sehr geschätzt sind Strauch- und Wildrosen besonders zu empfehlen. Sie werden mindestens 1 m hoch, erreichen aber auch 3 m Höhe, erfreuen durch ihre weiße, rosa, rote oder gelbe Blütenfülle im Sommer und im Herbst durch die roten Hagebutten, die oft noch in Rauhreif und Schnee leuchten.

Wie alle Rosen verlangen auch Wild- und Strauchrosen Sonne, Wärme, nährstoffreichen Boden und ausreichende Feuchtigkeit. Rosa canina, die Hundsrose, die als Veredelungsgrundlage für Edelrosen am meisten benutzt wird, ist auch als Gartenhecke von 2–3 m Höhe sehr zu empfehlen. Sie ist vor allem sehr abgehärtet und gibt dem Garten eine urwüchsige Note.

Andere schöne Wildrosen sind die rosenrot blühende Weinrose (ROSA RUBIGINOSA), die rosablühende Zimtrose (ROSA MAJALIS), die rotblühende Alpenrose (ROSA PENDULINA) und die Bibernellrose (ROSA PIMPINELLIFOLIA). Rosa pimpinellifolia hat gelbliche bis gelbweiße Blüten und eigenartige, in Vollreife schwarze Hagebutten. Der Strauch wird nur 1 m hoch, ist dornenreich und breitet sich durch unterirdische Triebe aus.

Die Strauchrosen braucht man nicht zu stützen. Es genügt, sie zusammenzubinden, damit sich die Zweige unter der Blütenfülle nicht zu Boden neigen. Es gibt viele Sorten mit edlen Blüten, die älteste und berühmteste ist die Sorte »Conrad Ferdinand Meyer«, ein wuchsfreudiger Strauch von 2,50 m Höhe mit herrlich duftenden altrosa Blüten.

Die winterharte Strauchrose »Bonn« hat scharlachrote Blüten, blüht von Juni bis zum Frost und wird etwa 1,50 m hoch. Sie duftet nur schwach.

Anders ist es bei der kräftig rosa blühenden Strauchrose »Pruhonice«, die sehr angenehm duftet, ebenfalls den ganzen Sommer und Herbst über blüht und 1,80 m hoch wird.

Die weiß blühende Sorte »Nevada« ist duftlos, hat aber einen kräftigen Wuchs und wird 2 m hoch. Sie ist ebenfalls sehr gut für eine freiwachsende Hecke geeignet.

Sitzecken im Garten, in Lauben – die vor allem im Hochsommer beliebt sind, weil sie die Hitze abhalten – können aus Sträuchern und Bäumen bestehen.

Für Sitzecken wählt man Sträucher, die sich auch für Schnitthecken eignen. Mit ihnen kann man sich schattige, abgegrenzte Ecken schaffen, in denen man ungestört die Natur genießen, ein Buch lesen oder ein Gespräch führen kann.

In einem großen Garten kann man auch Sträucher wählen, die eine freiwachsende Hecke bilden, die nach außen niedriger wird.

Für Lauben braucht man keine Holzhütten oder Spalierwände, wenn man Sträucher wählt, die auch im Schatten oder Halbschatten als Unterholz gut gedeihen. Sie müssen außerdem hoch genug wachsen, damit man bequem wie in einer Laube stehen kann. In diese Hecke setzt man einen Baum, der ein dichtes Blätterdach hat und den formenden Schnitt gut verträgt. Mit den Jahren schneidet man die heranwachsenden Sträucher und den Baum von innen und außen so zu, daß eine Laube entsteht. Der Baum kann allerdings auch ohne Beschnitt seine ausladende Blätterkrone über die rund angepflanzte Hecke breiten.

Kletterpflanzen sind ein wichtiges Element in jedem Garten. An Windschutzwänden hochgezogen, teilen sie beispielsweise den Gemüsegarten vom Ziergarten, schützen den Kinderspielplatz vor rauhen Winden, verschönen Häuserwände und das Gartengerätehaus. Ihre vielfältige Schönheit an Blüten und Laubfärbung hat zudem den wohltuenden Nebeneffekt, Mauern im Sommer vor Sonnenglut zu schützen, im Winter die Kälte zu dämmen und das Kleinklima günstig zu beeinflussen.

Die Pergola bietet Kletterpflanzen die nötigen Balken, Säulen oder Stangen, um üppig zu ranken. Die Waldrebe (CLEMATIS VITALBA), übersät mit kleinen weißen Blüten, wächst sehr rasch und überwuchert alles. Sie ist anspruchslos und wird 20 m hoch. Kleinblütige Sorten, wie C. alpina, C. montana, C. tangutica und C. viticella, werden 2–4 m hoch.

Die großblütigen Waldreben sind in jedem Garten eine begeisternde Farbenpracht, aber sie stellen auch größere Ansprüche. Die C.-Hybriden »Jackmanii« (dunkelviolett), »Nelly Moser« (violettrosa), »Marie Boisselot« (weißrosa), »The President« (tiefblau), »Ville de Lyon« (rot) und der gelbe Neuling Clematis tangutica »Aureolin« mit glockenförmigen Blüten brauchen einen nährstoffreichen Boden, mehrmalige Blattdüngung während des Sommers, Schatten am Boden, aber Sonne für die übrige Pflanze. Diese Hybriden erreichen eine Höhe von 2–3 m und benötigen einen jährlichen Schnitt.

Beliebt ist auch das Geißblatt (LONICERA), auch Jelängerjelieber genannt, das es mit gelben (L. CAPRIFOLIUM), orangefarbenen (L. BELGICA) und hellroten Blüten (L. DROPMORE SCARLET) gibt. Diese Kletterpflanzen werden 2–3 m hoch, blühen von Juni bis August üppig und verströmen einen angenehmen Duft.

Auch die Glyzine (WISTERIA SINENSIS) klettert bis 10 m hoch und ist von Mai bis Ende Juni über und über mit hängenden hellvioletten Blüten übersät. Sie verlangt einen sonnigen, warmen und geschützten Standort und einen lockeren, kalkhaltigen Boden. Im Winter erfriert sie häufig, erneuert sich aber von unten heraus.

Die Kletterhortensie (HYDRANGEA ANOMALA SSP. PETIOLARIS) ist eine anspruchslose Pflanze, die auch auf der Nordseite und im Schatten prächtig gedeiht, 6 m hoch wird und große weiße Blütenschirme entwickelt.

Für schnellen Bewuchs sorgt der Knöterich (FALLOPIA AUBERTII), der alles überwuchert und im August und September mit weißen Blüten übersät ist.

Im Herbst färben sich die Blätter des Wilden Weins, auch als Jungfernrebe bekannt (PARTHENOCISSUS QUINQUEFOLIA), leuchtend rot.

Diese Kletterpflanze ist abgehärtet und anspruchslos, ebenso Parthenocissus tricuspidata. Beide Sorten klettern mit Haftscheiben ausgestattet an Wänden und Mauern bis zu 10 und 20 m empor. Nur an Nordseiten gedeihen diese Kletterpflanzen nicht.

Genauso anspruchslos ist der Efeu (HEDERA HELIX), der auch im Vollschatten gedeiht und bis zu 6 m hoch wird.

Geeignete Gehölze für Schnitthecken

Deutscher Name	Lateinischer Name	Höhe in m	Boden	Lichtbedürfnisse	frostfest	Verträglichkeit von Luftverschmutzung
Nadelhölzer						
Eibe	Taxus baccata	über 2	feucht und nährstoffreich	◐ ●	Vorsicht bei Kahlfrösten	ja
Lebensbaum	Thuja occidentalis	über 2	feucht	○ ◐	ja	ja
Laubhölzer						
Alpenjohannisbeere	Ribes alpinum	bis 1,5	auch nährstoffarm	○ ◐ ●	ja	ja
Berberitze	Berberis julianae	bis 1,5	durchlässiger Boden, nicht zu feucht, gilt für alle Sorten	◐	kann erfrieren, erneuert sich aber nach Rückschnitt, gilt für alle Sorten	ja
	Berberis thunbergii			◐		–
	'Atropurpurea'			◐		–
	Berberis wilsoniae			◐		–
Blutjohannisbeere	Ribes sanguineum atrorubens	bis 1,2		○ ◐		–

Geeignete Gehölze für Schnitthecken

Deutscher Name	Lateinischer Name	Höhe in m	Boden	Licht-bedürf-nisse	frostfest	Verträglich-keit von Luftver-schmutzung
Buchsbaum	Buxus semper-virens	über 2	nährstoff-reich	◑	ziemlich	–
Feldahorn	Acer campestre	6	leicht bis schwer	○ ◑ ●	ja	ja
Liguster (Rainweide)	Ligustrum vulgare 'Atrovirens'	über 2	leicht, auch trocken	○ ◑	ja	gut
	L. v. 'Lodense'	1,5	ja	○ ◑	gut	
Schneebeere	Symphori-carpos albus	bis 2	leicht, auch nährstoff-arm	○ ◑ ●	gut	
Weißbuche (Hainbuche)	Carpinus betulus 'Colum-naris'	über 2	schwer, feucht	○ ◑ ●	ja	gut
	C. b. 'Fastigiata'	über 2	schwer, feucht	○ ◑ ●	ja	gut
	C. b. 'Pendula'	über 2	schwer, feucht	○ ◑ ●	ja	gut

Eine schnellwachsende und reich blühende anspruchslose Kletterpflanze ist der Knöterich.

Feldahorn mit leuchtendgelben Blättern im Herbst, ein schnellwachsendes, anspruchsloses Gehölz.

Der gefüllte Schneeball (Viburnum opulus sterile) gehört zu den bekanntesten Blüten-
sträuchern und blüht im Mai mit Flieder und Goldregen.

Geeignete Gehölze für freiwachsende Hecken

Deutscher Name	Lateinischer Name	Höhe/ Breite in m	Boden	Licht- bedürfnisse
Nadelhölzer				
Douglasfichte Douglasie	Pseudotsuga menziesii	10/2	–	○ ◐
Eibe, Japanische	Taxus cuspidata	1/2–3	nährstoffreich	○ ◐
Fichte, Gemeine (Rotfichte)	Picea abies	10/2	feucht	○ ◐
Kiefer (Berg- od. Krummholzkiefer)	Pinus mugo ssp. pumilio	1/4	sauer	○
Kiefer, Gemeine	Pinus sylvestris	3/1	leicht	○ ◐
Laubhölzer				
Alpenjohannisbeere	Ribes alpinum	2/1,5	mäßig feucht	○ ◐ ●
Berberitze	Berberis vulgaris	3/2	feucht bis trocken	◐
Bluthartriegel	Cornus sanguinea	2–4/3	trocken, kalkhaltig	○ ●
Eberesche	Sorbus aucuparia	12–15/2	mäßig feucht	○ ◐
Faulbaum (Kreuzdornart)	Rhamnus frangula	6/2	feucht	○ ◐
Feldahorn	Acer campestre	12–15/4	mäßig feucht	○ ◐ ●
Feuerdorn	Pyracantha	3/2	humusreich, durchlässig	○ ◐
Ginster (Besenginster)	Cytisus scoparius	1/2	sandig, trocken und sauer	○ ◐
Goldregen	Laburnum anagyroides	6/2	durchlässig, kalkhaltig	○ ◐

frostfest	Verträglichkeit von Luftver- schmutzung	Anmerkungen
–	–	braucht Platz, damit die unteren Äste nicht die Nadeln verlieren
nur nicht bei Kahl- frost, treibt aber wieder aus	ja	
ja	nein	braucht Platz, damit die unteren Äste nicht die Nadeln verlieren
ja	nein	Gartenformen kleinwüchsig
ja	nein	wächst schlecht in schweren Böden und auf Torfböden
ja	ja	dornenloser Strauch aus dem Gebirge und Mittelgebirge
ja	ja	lange Dornen
ja	ja	rote Zweige, wächst schnell, kann belie- big zurückgeschnitten werden, für große Gärten geeignet, Herbstfärbung rot
ja	ja	wächst schnell, orangerote Beeren
–	ja	wächst schnell, für große Gärten geeignet
ja	ja	leuchtend gelbes Herbstlaub, wächst schnell, anspruchslos
ja	ja	Stacheln, wirft erst im Frühjahr die Blätter ab, anspruchslos
kann erfrieren, regeneriert leicht von unten heraus	ja	immergrün
nicht ganz, erneu- ert sich nach Rück- schnitt	ja	–

Deutscher Name	Lateinischer Name	Höhe/ Breite in m	Boden	Licht- bedürfnisse
Haselnuß	Corylus avellana C. a. 'Aurea'	3–5/3–5	feucht, nähr- stoffreich	○ ◑
Heckenkirsche, Rote	Lonicera xylosteum	2–3/1	–	○ ◑
Heckenkirsche, Tatarische	Lonicera tatarica	3/1	trocken, sandig	○ ●
Kornelkirsche	Cornus mas	3–7/3	trocken	○ ●
Korkenzieherhasel	Corylus avellana 'Contorta'	5/3	feucht, nährstoff- reich	○ ●
Kreuzdorn	Rhamnus cathartica	3–10/2–4	trocken	○ ●
Liguster (Rainweide)	Ligustrum vulgare	über 2/2	leicht, auch trocken	○ ◑
Mehlbeere	Sorbus aria	12/4	mäßig feucht	○ ●
Pfaffenhütchen	Euonymus europaeus	2–4/1–2		◑ ●
Schlehe Schwarzdorn	Prunus spinosa	2/3		○ ◑ ●
Schneeball	Viburnum rhytidophyllum	3/1,5	trocken, möglich	◑
Schneeball, Wolliger	Viburnum lantana	3/1,5	nähr- stoffreich, kalkhaltig	○ ◑
Schneebeere	Symphoricarpus albus	1,5/1	leicht, auch nährstoffarm	○ ●
Schwarzerle	Alnus glutinosa	20/bis 5	feucht	○ ◑
Sommerflieder	Buddleja davidii	3/3	mäßig feucht	○ ◑

frostfest	Verträglichkeit von Luftver-schmutzung	Anmerkungen
ja	ja	große Blätter, gut als Kompostplatzhecke
ja	ja	als Unterholz beliebt, für große Gärten geeignet
ja	ja	–
ja	ja	die Früchte sind bei Vögeln beliebt
ja	ja	Kätzchen, Zweige knorrig
ja	–	wächst schnell, für große Gärten geeignet, kann beliebig zurückgeschnitten werden
ja	ja	immergrün
ja	ja	kugelige Krone
		purpurrote Blattfärbung, im Herbst Früchte: vierkantige orangerote Springkapseln
ja	ja	gute Nistplätze, die dunkelblauen Früchte kann man nach dem ersten Frost ernten und zu einem vitaminreichen Saft verarbeiten
nicht ganz, erneuert sich nach Rückschnitt aber schnell	ja	immergrün, vor Winter Wurzeln bedecken, anspruchslos
ja	ja	laubabwerfend
ja	ja	treibt viele Ausläufer, ältere Zweige alle 5 Jahre zurückschneiden
ja	ja	faustgroße Knollen an den Wurzeln mit luftstickstoffbindenden Bakterien
ja	ja	nicht einheimisch, gute Bienenweide, lockt Schmetterlinge an

Deutscher Name	Lateinischer Name	Höhe/ Breite in m	Boden	Licht- bedürfnisse
Spierstrauch	Spiraea x arguta S. x vanhouttei	1–2/2	nährstoff- reich	○ ◑
	S. salicifolia	1–2/2	feucht, nährstoffreich	
Tellerholunder Schwarzer Holunder	Sambucus nigra	2–4/4	auch nährstoffarm	○ ●
Traubenholunder	Sambucus racemosa	2–4/4	trocken, auch nährstoffarm	○ ●
Weide				
Salweide	Salix caprea	7/7	mäßig feucht	○ ◑
Ohrweide	Salix aurita	2/3	feucht, sauer	○ ◑
Purpurweide	Salix purpurea	4/2	mäßig feucht	○ ◑
Weißdorn	Crataegus monogyna	6/3	feucht, sauer	○ ◑
Zwergmispel	Cotoneaster horizontalis	1/1–3	durchlässig, trocken	○ ●

Ginster gibt es mit verschiedenen Blütenfarben von hellgelb über gelborange bis rot.

frostfest	Verträglichkeit von Luftver- schmutzung	Anmerkungen
–	ja	reich blühend
nein	ja	aufrechte Zweige
ja	ja	Blüten ergeben den schweißtreibenden Fliedertee, Beeren für Saft
ja	ja	völlig anspruchslos, schnell wachsend
ja	ja	gute Bienenweide im Frühling
ja	ja	
ja	ja	
ja	ja	zieht Schädlinge an und sorgt dadurch dafür, daß diese nicht auf andere Pflanzen gehen
nicht in zu strengen Wintern	ja	immergrün, anspruchslos, guter Boden- decker

Traubenholunder hat dekorative und von Vögeln begehrte Früchte.

Wildrosen

Lateinischer Name	Höhe/ Breite in m	Blüten- farbe	Hage- butten- farbe	Anmerkungen
Rosa canina	2–3/3	hellrosa	orange	als Veredelungsgrundlage für Edelrosen am meisten benutzt, starkwüchsig
Rosa multiflora	2/2	reinweiß	rot	starkwüchsig, überhängend
Rosa nitida	0,80/ 0,80	rosa	rot	für Einfassungen und als niedriger Abschluß frei- wachsender Hecken
Rosa rubiginosa	2,50/2	rot	rot	starkbestachelt, aufrecht- wachsend
Rosa rugosa	1–2/ 0,80	hellrot	hellrot	auch als Schnitthecke ver- wendbar, große Hagebutten
Rosa rugosa 'Alba'	1–2/ 0,80	weiß	hellrot	auch als Schnitthecke ver- wendbar, große Hagebutten
Rosa pimpinellifolia	1/1	weiß bis gelblich	dunkel- braun bis schwarz	stark verzweigt, kleine Blüten

Rosa rugosa, Kartoffelrose: Blüte (links) und Hagebutte (rechts).

Strauchrosen

Name	Höhe in m	Blütenfarbe	Anmerkungen
Bischofsstadt Paderborn	1–1,50	flammendorange	dauerblühend, für freiwachsende Hecken geeignet
Blossomtime	1,50	dunkelrosa	gefüllte duftende Blüten, dauerblühend bis zum Frost
Bonn	1,50	scharlachrot	nur schwach duftend, winterhart
Conrad Ferdinand Meyer	2,50	altrosa	wuchsfreudig, duftend, älteste und berühmteste Sorte, erfriert in strengen Wintern
Eyepaint	1–1,50	scharlachrot mit weißem Auge	dauerblühend, Belaubung frischgrün, glänzend
Kordes' Brillant	1–1,50	brennendorange	Wildrosenduft, reich- und langblühend, Belaubung dunkelgrün, robust, schöner Herbstflor
Lichtkönigin Lucia	1,50	kräftig zitronengelb	duftend, überreich blühend, weithin leuchtend bis zum Frost
Romanze	1–1,50	dunkelrosa	Knospen edelrosengleich, duftend, Belaubung dunkelgrün
Shalom	2	leuchtendziegelrot	duftend, von straff aufrechtem, geschlossenem Wuchs
Ulmer Münster	1,50	leuchtendblutrot	Wildrosenduft, Belaubung frischgrün glänzend, reicher Herbstflor
Westerland	1,50	leuchtendgelb mit roten Streifen	stark duftend, halbgefüllt, haltbar, früh- und reichblühend bis zum Frost

Kletterpflanzen

Name	Höhe in m	Blüten- farbe	Anmerkungen
Efeu Hedera helix	bis 6	gelbgrün	immergrün, nur gut einge- wurzelte Pflanzen vertragen Trockenheit
Geißblatt (Jelängerjelieber) Lonicera caprifolium	2–3	orange, gelb, hellrot	angenehm duftend, verträgt keine Trockenheit
Glyzine Wisteria sinensis	10	hellviolett, weiß	
Kletterhortensie Hydrangea anomala ssp. petiolaris	6/1	weiße Blüten- schirme	stellt kaum Anforderungen an Boden und Standort, wächst und klettert ausgezeichnet
Knöterich Fallopia auberti	6	weiß	schnellwüchsig, reiche Blüten- bildung
Trompetenblume Campsis radicans	bis 10	leuchtendrot	jährlicher Schnitt erforderlich
Waldrebe Clematis alpina	2–4	–	kleinblütig
C.-Hybride 'Ernest Markham'	2–3	karmesinrot	Blumen sehr groß
C.-Hybride 'Jackmanii'	2–3	dunkelviolett	großblütig, braucht jährl. Schnitt u. mehrmalige Blatt- düngung
C.-Hybride 'Marie Boisselot'		weißrosa	großblütig, braucht jährl. Schnitt u. mehrmalige Blatt- düngung
C.-montana 'Rubens'	2–4	–	kleinblütig
C.-Hybride 'Nelly Moser'	2–3	violettrosa	großblütig, braucht jährl. Schnitt u. mehrmalige Blatt- düngung
C.-Hybride 'The President'	2–3	tiefblau	großblütig, braucht jährl. Schnitt u. mehrmalige Blatt- düngung
C. tangutica	2–4	gelb	kleinblütig

Name	Höhe in m	Blüten-farbe	Anmerkungen
C. tangutica Aureolin	2–3	gelb	große, glockenförmige Blüten, braucht jährl. Schnitt u. mehrmalige Blattdüngung
C.-Hybride 'Ville de Lyon'	2–3	rot	großblütig, braucht jährl. Schnitt u. mehrmalige Blattdüngung
C. vitalba	20	weiß	kleinblütig, wächst rasch u. überwuchert alles
C. viticella	2–4	blauweiß	kleinblütig
Wilder Wein (Jungfernrebe) Parthenocissus quinquefolia	10–20	–	mit Haftscheiben ausgestattet; im Herbst leuchtendrote Blattfärbung
Parthenocissus tricuspidata	10–20	–	mit Haftscheiben ausgestattet; im Herbst leuchtendrote Blattfärbung

Begrünte Fassaden schaffen ein angenehmes Kleinklima.

Kletterrosen

Name	Höhe in m	Blüten- farbe	Anmerkungen
Casino	2–2,50	zitronengelb	öfter blühend, starker Teerosen- duft, Knospen edel geformt
Compassion	2–2,50	salmrosa mit orangenfarbenen Schattierungen	öfter blühend, stark duftend, Blumen groß, edel geformt, Laub dunkelgrün
Coral Dawn	2,50–3	korallenrosa	öfter blühend, herrlich duftend, Blumen sehr groß, edel
Flammentanz	4–5	rot	absolut winterhart, wächst auch in die Breite, blüht überreich in der 2. Junihälfte
Golden Climber	4	gelb	zart duftend, Strauch muß nach 5–8 Jahren verjüngt werden, blüht bis in den Herbst
Golden Showers	2–3	zitronengelb	öfter blühend, edelrosengleich gefüllt, duftend
Goldener Olymp	1,50–2	kupferfarben, goldgelb	öfter blühend, duftend, Knospen groß, edel geformt
Gruß an Heidelberg	2–3	rot	gesund, wetterfest, blüht bis spät in den Herbst, Blüten gefüllt wie bei Gartenrosen, duftend, Knospen edel
Lawinia	2–3	rein rosa	öfter blühend, einzigartiger Duft, Blumen groß, edelrosen- gleich
New Dawn	2–3	weißlichrosa	öfter blühend, duftend, auf- fallender Blütenreichtum, gute Winterhärte
Rosanna	2–2,50	lachsrosa	kräftiger Wildrosenduft, Knospen elegant, stark wachsend
Rosarium Uetersen	2–3	intensiv rosa	öfter blühend, Wildrosenduft, Pflanze robust, kräftig wach- send, lange blühend, langsam kletternd, besonders winterhart
Schwanensee	2–3	leuchtendweiß mit rosa Hauch	öfter blühend, leicht duftend, Pflanze kräftig wachsend, mit dunkelgrüner Belaubung

Wie man Bäume, Sträucher und Kletterpflanzen setzt

Die Pflanzung von Sträuchern und Kletterpflanzen ist nicht sonderlich schwierig, wenn der Boden so vorbereitet ist, wie es weiter vorne beschrieben wurde: Tieflockerung des Unterbodens und Vermischung mit Alginure-Granulat, Auftragen des Mutterbodens, der mit Dünger, Alginure-Granulat und durch Gründüngungspflanzen in humose Erde verwandelt worden ist.

Kann man mit der Pflanzung warten, dann läßt sich die Erde der Pflanzlöcher nochmals verbessern, indem man diese aushebt, mit Dünger und Alginure-Granulat vermischt und diese Erde wieder in die Löcher füllt. Je länger dieser Boden nun in den Pflanzlöchern, die mit Herbstlaub, Rasenschnitt, Stroh oder Mulchfolie abgedeckt werden sollten, ruht, desto besser können die Bodenlebewesen ihn für die Pflanzen vorbereiten.

Eine andere Methode ist die, für die Pflanzlöcher einen Teil des vorbereiteten Mutterbodens zurückzubehalten, ihn mit einem Teil des Aushubs zu vermengen, nochmals Alginure-Granulat einzustreuen, dann gleich zu pflanzen und mit der gemischten Erde die Pflanzlöcher auszufüllen.

Alginure-Granulat schützt die Pflanzenwurzeln unter anderem vor der Aufnahme schädigender Stoffe, wie es frische Dünger sein können. Deshalb kann man auch gleich, nachdem man Dünger in die Pflanzerde gestreut hat, mit der Pflanzung beginnen. Allerdings muß man berücksichtigen, daß das Granulat nicht sofort wirkt. Erst in Verbindung mit reichlich Wasser und der Verteilung in der Erde durch die Bodenorganismen wird Alginure-Granulat die geeigneten Nährstoffe zu den Pflanzenwurzeln leiten. Diese Zeitspanne überbrückt man mit Alginure-Wurzel-Dip oder Alginure-Wurzeltauch-Mix, indem man die Pflanzenwurzeln vor der Pflanzung in eine Lösung dieser Mit-

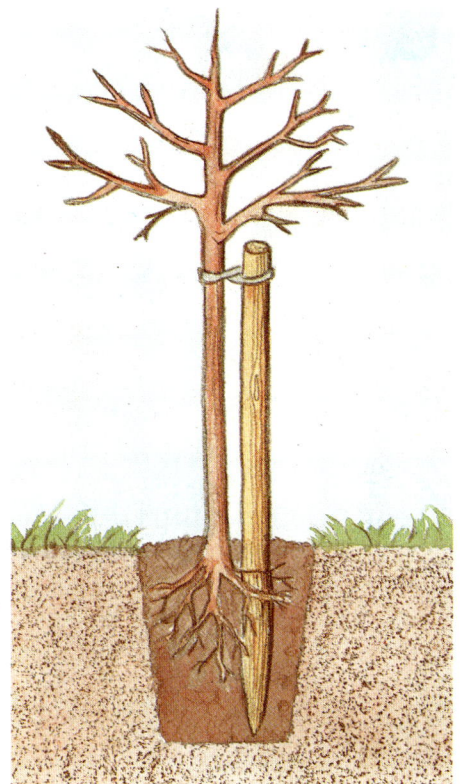

Die Pflanzlöcher für die Pflanzung von Bäumen und Sträuchern müssen geräumig sein.

tel mit Wasser taucht. So entsteht sofort eine Verbindung zwischen Wurzeln und Boden, wodurch die Bewurzelung gefördert wird und die Pflanzen ohne Unterbrechung weiterwachsen können.

Die Pflanzlöcher müssen so groß sein, daß die Wurzeln genügend Platz haben und ihr erstes Wachstum auch noch in der lockeren und vorbereiteten Erde stattfindet. Für geschlossene Schnitthecken hebt man Pflanzgräben aus. Echten Wein und Clematis pflanzt man schräg und 30 cm vom Klettergerüst entfernt ein.

Vor dem Eintauchen in eines der Bewurzelungsförderungsmittel schneidet man alle abgeknickten, abgestorbenen und alle Wurzelhaarenden ab. Das regt ebenfalls das Wurzelwachstum an.

Die Waldrebe (Clematis) wird waagerecht gepflanzt und braucht trockene, aber kühle »Füße«.

Nach der Pflanzung wird der Wurzelbereich jeder Pflanze sofort durchdringend gewässert. Für die weitere Bewässerung sorgt meist der Regen. Allerdings muß man bei großer Trockenheit ab und zu prüfen, ob die Pflanzungen nochmals gründlich gewässert werden müssen.

Die frisch gesetzten Heckenpflanzen schneidet man zurück. Laubgewächse wie Liguster kann man um zwei Drittel kürzen, damit sie von unten viele neue Triebe austreiben und zu einem dichten Strauch werden.

Baumartige Pflanzen, wie Hainbuchen, Eiben oder Lebensbäume, bekommen, sollen sie eine Schnitthecke ergeben, gleich einen Formschnitt. Bei Koniferen verjüngt sich die Form nach oben zu, Hainbuchen werden geradegeschnitten.

In den ersten Jahren ist es notwendig, die Sträucher öfter zu schneiden, damit sie schön dicht werden. Später genügt ein Schnitt im Jahr. Blütensträucher schneidet man unmittelbar nach der Blüte, damit sie das nächste Mal wieder reich blühen.

Um durch den Schnitt eine gute Entwicklung der Pflanzen zu gewährleisten, richten sich heute viele Gärtner und Hobbygärtner nach dem Aussaatkalender von Maria und Matthias K. Thun. Dieser Kalender ist ein kleiner Ratgeber für den Pflanzenbau. Er enthält unter anderem auch Angaben darüber, wann die beste Pflanzzeit ist und wann günstigste Zeiten für Baum- und Heckenschnitt sind.

Die Sträucher der freiwachsenden Hecke bekommen einen sogenannten Erhaltungsschnitt, damit sie nicht zu breit und zu hoch werden und im unteren Bereich dichtes Laub behalten.

Die neu gesetzten Sträucher besprüht man nach dem Rückschnitt mit Alginure-Schutzspray. Es vermindert die Blattverdunstung, versorgt die Pflanze mit wichtigen pflanzenfördernden Mitteln und schützt vor Kälte und Hitze.

Bezugsquellen in alphabetischer Reihenfolge

Abtei Fulda
   Nonnengasse 16, D-6400 Fulda
Aglaia, Beeck GmbH & Co. KG
   Postfach 80 12 24
   D-7000 Stuttgart 81, (07 11) 72 10 03
Aquaplan-Held GmbH
   Postfach 24, D-7519 Gemmingen
   (0 72 67) 3 66
Wilhelm Alms
   Offenbacher Landstr. 377
   D-6000 Frankfurt 70, (069) 65 10 97
Oskar Angst
   Gryphiusweg 15, D-6800 Mannheim 31
   (06 21) 78 42 39
Conrad Appel
   Bismarckstr. 59, D-6100 Darmstadt
   (06 151) 8 10 55
Auro GmbH
   Postfach 12 20, D-3300 Braunschweig
   (05 31) 89 50 86
Bartscher GmbH & Co.
   Calenhof 4, Postfach 45
   D-4787 Geseke, (0 29 42) 10 28
Ing. G. Beckmann KG, Simoniusstr. 10
   D-7988 Wangen, (0 75 22) 41 74
Beton Schmitt, Postfach 11 04
   D-8752 Kleinostheim, (0 60 27) 502-0
Bio-Agrar, Hermann Tränkle, Probststr. 31
   D-7505 Ettlingen, (0 72 43) 1 40 95
Bio-Elemente Vertriebs-GmbH und Co. KG
   Kirchgasse 7, D-7101 Erlenbach
   (0 71 32) 60 87
Biofa-Naturfarben GmbH
   Dobelstr. 22, D-7325 Boll
   (0 71 64) 48 25 + 22 21
Bio- und Gartenmarkt Keller siehe Keller
Der Blühende Garten, Mühlstr. 39–43
   D-7065 Winterbach, (0 71 81) 70 81
Bodenlabor Dr. Balzer, Oberer Ellenberg
   D-3551 Amönau
Böhler und Schöner, Frigenstr. 1
   D-6700 Ludwigshafen 25
Heinrich Bornträger
   Postfach 3, D-6521 Offstein

Bromet GmbH, Röntgenstr. 1
   D-8870 Günzburg, (0 82 21) 3 00 61
H. J. Buchhold, Miramstr. 36
   D-3500 Kassel 13
   (05 61) 5 47 75
Ernst-Otto Cohrs, Postfach 11 65
   D-2720 Rotenburg/Wümme
   (0 42 61) 31 06
Corna Werk
Wölper GmbH und Co., Erbacher Str. 41
   Postfach 42 67, D-7900 Ulm-Donautal
   (07 31) 4 30 49 (Oscorna)
Dehner, Postfach 11 60
   D-8852 Rain am Lech, (0 90 02) 7 70
Deutsche Vegetarier-Zentrale
   Postfach 9, D-6443 Sontra
Fritz Dietrich
   D-6082 Mörfelden, (06 105–2 25 67)
Ewald Dörken AG, Wetterstr. 58
   Postfach 163, D-5804 Herdecke
   (0 23 30) 63–1
Drebinger
   Sulzacher Str. 88, Postfach 25 01 60
   D-8500 Nürnberg 20, (09 11) 55 96 26
Eisenia, Kapellenstr. 25
   D-6200 Wiesbaden, (0 61 21) 5 92 76
Wolf Engel, Moorweg 22
   D-8069 Rohrbach, (0 84 42) 88 33
Ludwig Engelhart, Sylvensteinstr. 14
   D-8000 München 70, (0 89) 76 40 02
Erden-Werk Herbertingen
   Obere Bergenstraße
   D-7944 Herbertingen, (07 51) 3 14 88
EXIMPO
K. Harboe-Larsen GmbH & Co. KG
   Europastr. 33, Postfach 15 55
   D-2390 Flensburg-Jarplund
   (04 61) 95 59
Feddersen, Blankeneser Bahnhofstr. 60
   Postfach 55 03 04
   D-2000 Hamburg 55
   (0 40) 86 50 58
Wilhelm Fehring GmbH & Co.
   Vahlkamp 76, D-4800 Bielefeld
   (05 21) 33 00 81
Samenhaus Gerhard Fetzer
   Matheus-Wagner-Str. 60, D-7410 Reutlingen 2
Jutta Fischer
   Am hinteren Feld 13
   D-3032 Fallingbostel 1, (0 51 62) 24 37
Hermann Fleischhauer & Co.
Abt. Versand
   Am Ellenbogen 12, Postfach 11 06 64
   D-4300 Essen 11, (02 01) 67 05 25
Florahof Baumschulen Karl Ulmer
»BdB-Markenbaumschule«
   Obere Grabenstr. 46
   D-7315 Weilheim, (0 70 23) 60 49
Folien-Drewke GmbH
   Postfach 10 03 62, D-5620 Velbert 1
   (0 20 51) 5 62 00

Forestina Marketing u. Vertriebs GmbH
  Karl-Benz-Str. 5, D-7520 Bruchsal 1
  (0 72 51) 1 42 16
Forschungskreis für Geobiologie e. V.
  Adolf-Knecht-Str. 25
  D-6930 Eberbach, (0 62 71) 22 11, (0 62 74) 68 68
Forschungsstelle für biologisch-dynamische
  Samenerzeugung
  D-2970 Emden-Wybelsum
Heinrich Geisel
  Ludwigstr. 70, D-8510 Fürth
Geisenheimer Baumschule
  Postfach 12 50
  D-6222 Geisenheim/Rhein
Genap Plastic, Postfach 12 67
  D-4240 Emmerich, (0 28 22) 7 03 67
Gerex-Neugebauer GmbH, Postfach 27 47
  D-7100 Heilbronn, (0 71 31) 1 08 05
Der grüne Baum, Alte Hattinger Str. 15
  Postfach 10 17 65, D-4630 Bochum 1
Hako-Werke, Abt. PH 33
  Postfach 14 44, D-2060 Bad Oldesloe
  (0 45 31) 806–1
Hauri KG
  Sonnenhalde 6, D-7805 Bötzingen
  (0 76 63) 10 51/52/53
Herkules-Gerätebau Osthues & Bahlmann
  Postfach 35 09, D-4740 Oelde 1
  (0 25 22) 40 41/40 42
Karl Hild
  Samenzüchter, D-7142 Marbach
Hindermann Gartenteichfolien
  Postfach 12 25, D-4795 Delbrück
  (0 52 50) 78 91
Hornitex-Werke Nidda, Ludwigstraße
  D-6478 Nidda 1, (0 60 43) 9 27
Horstmann & Co., Langelohe 65
  Postfach 5 40, D-2200 Elmshorn
Huminal Vertriebsges. mbH
  Postfach 1 64 42, D-6000 Frankfurt 1
  (0 69) 23 37 07
Humobakt Rindenverwertung KG
  Hauptstr. 50, D-8452 Hirschau
  (0 96 22) 10 43
Humuswerk Barbecke GmbH
  Hauptstr. 37, D-3325 Lengede 5
  (0 53 44) 22 37
Hunecke GmbH, Sennestadtring 19
  Postfach 11/02 50, D-4800 Bielefeld
  (0 52 05) 44 29
Industrie-Erden-Werk Erich Archut
  Postfach 50, D-6420 Lauterbach
  (0 66 38) 5 58
Isotek
  Prießallee, D-4800 Bielefeld
Institut für biologisch-dynamische Forschung
  Brandschneise 5, D-6100 Darmstadt
  (0 61 55) 26 73
Institut für Gemüsebau der Versuchsanstalt
für Gartenbau (FH-Weihenstephan)
  Lang Point, D-8050 Freising 12

Kama siehe Mahle
Bio- und Gartenmarkt Keller
  Inh. Albert Kiefer
  Konradstr. 17, D-7800 Freiburg
Kerscher Import
  Weinbergstr. 22, Postfach 85
  D-8490 Cham, (0 99 71) 15 58 und 91 87
Werner Kimmerle, Uhlandstr. 22
  D-7441 Neckartenzlingen, (0 71 27) 3 10 83
Fritz Klem
  D-7640 Kehl-Marlen, (0 78 54) 8 41
Kneussle Baumschulen KG »BdB-Markenbaumschule«
  Arbeitskreis Deutscher Forstbaumschulen e. V.
  D-5427 Penzerheide/Bad Ems, (0 26 03) 40 29
Knips, Im Heidkampe 2
  D-3000 Hannover 51
Rolf Kockskämper, Ruthstr. 24
  D-4300 Essen, (02 01) 78 97 89
Hugo Kölle, Schwieberdinger Str. 238
  D-7000 Stuttgart 40
Kompost-Service, Postfach 31 40/R
  D-7302 Ostfildern 4
Krieger, Gahlenfeldstr. 5
  D-5804 Herdecke, (0 23 30) 76 91
Gebhard Kübler
  D-7989 Amtszell, (0 75 20) 67 22
Landw. Untersuchungsamt
  Luxburgstr. 4, D-8700 Würzburg
Landw. Untersuchungsamt und Versuchsanstalt
  Am Versuchsfeld 11–13
  D-3500 Kassel-Herleshausen
  Mars-La-Tour-Str. 4, D-2900 Oldenburg
Landwirtschaftliche Untersuchungsanstalten
  Horchstr. 18, D-3300 Braunschweig
  Rheinstr. 91, D-6100 Darmstadt
  Finkenborner Weg 1a, D-3250 Hameln
  Postfach 106, D-7000 Stuttgart 70
Landw. Untersuchungs- und Forschungsanstalt
  Weberstr. 61, D-5300 Bonn 1
  Neßlerstr. 23, D-7500 Karlsruhe-Durlach
  Gutenbergstr. 77, D-2300 Kiel
  Von-Esmarch-Str. 4, D-4400 Münster i.W.
Läsko
  D-7917 Vöhringen 1
Lause KG, Roter Kamp 27
  Postfach 11 63, D-2116 Hanstedt
LB-Elite siehe Rath
Ledax-Gartenbausystem
Ledona-Vertrieb, Urban Schubert
  D-7967 Bad Waldsee
Livos, Neustädter Str. 23–25
  D-3123 Bodenteich, (0 58 24) 13 44
Mahle Dünger GmbH, Postfach 27 24
  D-7100 Heilbronn, (0 71 31) 1 08 68
  (Kama)
Maurer (Baumfutter), D-8500 Nürnberg
E. Merck
  D-6100 Darmstadt 1, (06 51) 720
Jan Mertens B. V., Vergelt 3
  NL-5991 P. J. Baarlo (L.)
  (00 31-47 07) 16 06

Messerschmidt KG, Autenbachstr. 22
   Postfach 843, D-7320 Göppingen 8
   (0 71 61) 4 10 87
I. + K. Mielke
   Spezialist für Naturteiche
   Hämelstr. 16, D-4950 Minden
   (05 71) 4 17 41
Mikrobiologisches Laboratorium
   D-6348 Herborn, (0 27 72) 25 26
Möschle, siehe Buchhold
   D-7601 Ortenburg, (07 81) 3 40 21
Münchner Teichbau GmbH
   Erich-Giese-Str. 8, D-8000 München 82
   (0 89) 90 79 22
W. Neudorff GmbH KG
   Postfach 12 09, D-3254 Emmerthal
Normstahl-Werk, Normstahlstr. 1–3
   D-8052 Moosburg, (0 87 61) 6 83-42
Oldehoff
   D-8395 Hauzenberg-Krinning
   (0 85 88) 16 93
U. Oldehoff & P. Kohle
   D-8196 Achmühle, (0 81 71) 7 85 27
Oskar Overmann GmbH & Co.
   D-6920 Sinsheim, (0 72 61) 6 47 12
Pergart siehe E. P. H. Schmidt & Co. GmbH
Pfälz. Landw. Untersuchungs- und Forschungsanstalt
   Obere Langgasse 40, D-6720 Speyer
plastic-Kauf, Hauptstr. 114/116
   D-7600 Offenburg, (07 81) 2 49 04
Plastoplan
   D-2355 Ruhwinkel-Wankendorf
   (0 43 23) 65 31
Pötschke, Gärtner
   Postfach 22 20, D-4044 Kaarst 2
Ilmar Randuja, Ekkart Hof
   CH-8574 Lengwil, (Saatgut)
Hamil Rath OHG, LB-Elite
Scheffelstr. 17, Postfach 60 53 50
   D-2000 Hamburg 60, (0 40) 27 40 58
Reformhäuser
Renz Nachf. GmbH & Co. KG
   D-6364 Florstadt 5, (0 60 41) 2 30
Horst Richter, Zellerstr. 51
   D-7311 Ohmden/Teck
Wilhelm Riegraf & Co., Aldinger Str. 120
   D-7000 Stuttgart 50
Rotocrop siehe Varley
Rux GmbH, Postfach 11 22
   D-3013 Barsinghausen 1
Sauter-Vertriebs GmbH
   Waidplatzstraße, D-7835 Teningen-Nimburg
Schäfer Shop GmbH, Industriestraße
   Postfach 720, D-5240 Betzdorf
H. Schlachter, Wasserburger Weg 1/2
   D-8870 Günzburg MG 2
   (0 82 21) 3 00 57–58
E. P. H. Schmidt & Co. GmbH
   – Pergart –, Storbecker Weg 20
   Postfach 33 20, D-5800 Hagen
   (0 23 31) 30 30 01-4

Carl Sperling und Co., Postfach 26 40
   D-2120 Lüneburg
Josef Friedmann. Nachf. Rolf Spittler
   Ziegelhofstr. 154
   D-7800 Freiburg-Lehen
   (07 61) 8 50 69
E. & R. Stolte GmbH, Nährweg 4–5
   Postfach 15 44, D-2840 Diepholz 1
   (0 54 41) 30 07-8
Theo Tacke, Borkener Str. 40
   D-4280 Borken 2–Burlo
   (0 28 62) 33 50
Wilhelm Terlinden GmbH
   D-4232 Xanten 1, (0 28 01) 40 41/42
Tetra Werk, Postfach 15 80
   D-4520 Melle, (0 54 22) 10 51
Maria Thun, Verlag: Aussaattage
   Postfach 14 46, D-3560 Biedenkopf
Tilco Biochemie GmbH
   Postfach 70 04 30
   D-7000 Stuttgart 70
   (07 11) 7 80 00 76
Klaus R. Töllner, Rappeneckstr. 4
   D-7808 Waldkirch
Tubag
   D-5473 Kruft, (0 26 56) 60 61
Varley GmbH, In der Au 1
   D-7851 Inzlingen, (0 76 21) 8 20 00
   Maulbeerstr. 15, CH-4058 Basel
   (0 61) 26 68 68
   aus der BRD (00 41 61) 26 68 68
VERESA GmbH, Am Bahnhof
   D-6601 Heusweiler, (0 68 06) 50 71
Versand Baumschule, Rudi Hartmann
   Postfach 15 03, D-2080 Pinneberg
Viking, Vertretung:
   Andreas Stihl, Maschinenfabrik
   Postfach 17 60, D-7050 Waiblingen
G. Voss GmbH & Co. KG
   Niederolmer Str. 10
   D-6501 Zornheim/Mainz
   (0 61 36) 50 71
Karl Wachter KG
   D-2081 Appen-Etz, (0 41 01) 6 25 11
Weber-Erden GmbH, Haarer Str. 4–6
   D-8011 Putzbrunn
Ludwig Wege und Co., Postfach 20
   D-3553 Cölbe/Lahn, (0 64 21) 8 10 04
Wolf-Geräte GmbH
Vertriebsgesellschaft KG
   Postfach 860 u. 880
   D-5240 Betzdorf/Sieg
Wülfing und Hauck, Postfach 10
   D-3504 Kaufungen 1
   (0 56 05) 20 44–47

Bezugs-quellen-Sach-verzeichnis

Abstützwälle und Beton-elemente

Beton Schmitt, Tubag

Baumschulen

Alms, Appel, Cohrs, Dietrich, Florahof, Geisenheimer, Kneussle, Renz, Versand Baum-schule R. Hartmann

Bewässerung

Biosmon:
Cohrs, Keller, Reformhäuser

Systeme:
Bartscher, Beckmann, Dehner, Drebinger, EXIMPO, Feddersen, Gerex, Herkules, Horstmann, Hunecke, Krieger, Kübler, Mes-serschmidt, Overmann, Rath, Schlachter, Schmidt, Spittler, Stolte, Tacke, Terlinden, Voss

Bewurzelungsförderung

Alginure-Bodengranulat, Alginure-Quellperlen, Alginure-Wurzel-Dip (alle 3 gegen Wurzelver-brennungen und Verpflanz-schock): Tilco Biochemie
Hornmistpräparat Nr. 500: Insti-tut für biol.-dyn. Forschung
Ledax-mikrob: Ledax
Neudofix: Keller, Neudorff
Oscorna-Wurzelstärkung: Corna-Werk
SPS: Cohrs, Der grüne Baum, Keller, Richter
Wirkstoff C 779: Kerscher

Bodenstabilisierung (Bodendurchlüftung und -verbesserung der Wasser-haltefähigkeit)

Alginure-Bodengranulat, Alginure-Quellperlen (beide gegen stauende Nässe, Verschläm-mung und Verkrustung, Ero-sion; Bodentiefenlockerung):
Tilco Biochemie
Biofort L (Erhöht die Wasser-speicherfähigkeit leichterer Böden): Keller, Neudorff
Biofort S (zur Durchlüftung schwerer Böden): Keller, Neu-dorff
Hornmistpräparat Nr. 500, Horn-kieselpräparat Nr. 501 (beide zur Bodentiefenlockerung):
Institut für biologisch-dynamische Forschung
Rindenhumus, Rindenmulch:
Erden-Werk, Fehring, Fetzer, Forestina, Hornitex, Huminal, Humobakt, Humuswerk, Industrie-Erden-Werk, Keller, Kölle, Riegraf, Sauter, Veresa, Weber-Erden
Wirkstoff C 779: Kerscher

Bodenuntersuchungen

Baumfutter: Maurer
Bodentester: Cohrs, Keller, Lause, Merck, Neudorff, Pötschke
Bodenthermometer: Keller
Bodenuntersuchungsstellen:
Institut für Gemüsebau der Ver-suchsanstalt für Gartenbau, Weihenstephan,
Landw. Untersuchungsamt, Würz-burg
Landw. Untersuchungsamt und Versuchsanstalt, Kassel-Herles-hausen, Oldenburg
Landw. Untersuchungsanstalten, Braunschweig, Darmstadt, Hameln, Stuttgart
Landw. Untersuchungs- und Forschungsanstalt, Bonn, Karlsruhe-Durlach, Kiel, Münster i. W.
Pfälz. Landw. Untersuchungs- und Forschungsanstalt

Kalkprüfer (Calcitest): Cohrs, Keller, Neudorff, Richter
Pehameter: Keller, Kerscher
PH-Meß-Stäbchen: Cohrs

Gartengeräte

aus Kupfer oder Legierungen:
Bio-Elemente-Vertrieb, Cohrs, Fischer, Keller
Bodenkrümler: Cohrs
Gartenfit: Rux
Grabegabel: Cohrs, Fischer
Rasenfit-Superharke: Rux
Sauzahn: Cohrs, Engelhart, Fischer, Geisel, Der grüne Baum, Keller, Richter
Wiesenmäher: Hako-Werke

Gartenteichprogramm

Aquaplan, Drebinger, Drewke, Genap-Plastic, Hindermann, Isotek, Knips, Läsko, Mielke, Münchner Teichbau GmbH, Oldehoff, U. Oldehoff & P. Kohle, Plastic-Kauf, Plasto-plan, Tacke, Tetra-Werke, K. Wachter KG, Wülfing und Hauck

Geologische Untersuchungen

Forschungskreis für Geobiologie

Gesundung für säuregeschädigte Bäume

Cohrs-Säure-Stop: Cohrs
Tackes Baumhilfe: Tacke

Gründüngung (Bodenbedeckung, gleich-zeitig Unkrautbekämpfung)

Gelbsenfsaat: Cohrs, Keller
Rotenburger Kombi-Gemenge (Leguminosenmischung zur Stickstoffbindung): Richter, Sperling

Häcksler (Schredder)

Alleshäcksler (Elektro- oder Benzinmotor) mit Vorschneider und 3 zusätzlichen Schneid-messern: Viking: Vertretung Andreas Stihl
Elektrohäcksler mit Hammer-werk: Mösche
Häckselgeräte mit Zapfwellen-antrieb: Keller
Häcksler mit Elektro- oder Benzin-motor: Keller, Kompost-Service,

Neudorff, Schäfer Schop GmbH, Tilco Biochemie, Varley, Wolf
Häcksler mit Handbetrieb: Der Blühende Garten, Keller, Varley
Häckselzwerg: Normstahl
Lescha Zak 2000, Garten-Abfall-Zerkleinerer mit dem rotierenden Scherenschneidwerk: Varley

Holzschutz und Ölfarben ohne Schadstoffe

Aglaia (Beeck), Auro, Biofa-Naturfarben, Cohrs, Der grüne Baum, Keller, Livos

Kompostiermittel

Alginure Kompostpulver, Kompostpaste, Kompost-Fix: Engelhart, Tilco Biochemie
Bio-Komposter: Keller, Neudorff
Cohrs-Kompost-Starter: Cohrs, Der grüne Baum, Keller, Richter
Edafil: Tetra-Werk
Eokomit: Der Blühende Garten, Keller, Tilco Biochemie
Fertosan: Varley
Humofix: Abtei Fulda, Keller
Kompostierpräparate 502–507: Institut für biologisch-dynamische Forschung
Ledax-kompost: Ledax
Oscorna-Kompostbeschleuniger: Corna-Werk, Keller
Radivit (Flächenkomposter): Keller, Neudorff
Symbioflor: Mikrobiologisches Laboratorium

Kompostsilos und -säcke

Kompostsilos (Holz, Metall, Kunststoff): Der Blühende Garten, Bromet, Keller, Kompost-Service, Varley, Wege
Kompostsäcke: Bromet, Keller, Kompost-Service, Neudorff, Tilco Biochemie
Durchwurfsieb: Der Blühende Garten

Mineralische Dünger

Algomin (Korallalgenkalk): Bio-Agrar, Der Blühende Garten, Cohrs, Engelhart, Keller
AZ-Kalk: Keller, Neudorff
Basaltmehl: Engelhart
Biofort L (für leichte Böden), **Biofort S** (für schwere Böden): Keller, Neudorff

Cohrs-Bentonit: Cohrs, Der grüne Baum, Keller, Neudorff, Richter
Eifelgold (Urgesteinsmehl und Granulat): Keller
Gafsa (Naturphosphat): Keller
Ledax pro Sol (für trockene Böden): Ledax
Ledax pro Ton (für feuchte Böden): Ledax
Luzian-Steinmehl: Cohrs, Keller, Richter
Orgamin: Mahle (Kama)
Urgesteinsmehl: Neudorff
Vulkangesteinsmehl: Der Blühende Garten, Hauri, Keller

Mischdünger

Azet-Präparate: Neudorff
Bio-Gemüse-Streumittel (Kräuterextrakte, Kieselsäure und Kalk): Neudorff
Biotrissol: Keller, Neudorff
Cohrs-Blumendünger: Cohrs, Keller
ECOVITAL (Horn-, Knochen-, Blutmehl, Algen-, Stein-, Tonmehl, Korallalgenkalk, Kräuter): Cohrs, Der grüne Baum, Keller, Richter
ECOVITAL-S (wie oben, aber ohne Kalk)
Heco-Organ (vollorganischer NP-Dünger): Richter
Kutomin (2/3 Kuhdung, Bentonit, Algomin u. a.): Keller
Oscorna-Animalin (Mischdünger aus Horn-, Knochen-, Blutmehl und Vogelmist): Corna-Werk, Keller
Oscorna-Dünger: Corna-Werk, Keller
Polymaris Universal: Cohrs, Engelhart, Der grüne Baum, Keller, Richter

Obstbaumpflege

Bio-Baumanstrich: Preicobakt (für den Stammanstrich von Obstbäumen im Frühjahr und Herbst, zum Spritzen vorbeugend gegen Schädlinge und Krankheiten): Cohrs, Engelhart, Keller, Neudorff
COHRS-NAB-PLUS-MISCHUNG (Spritzpulver gegen Gall-Milben und Schorfbefall an Obstbäumen): Cohrs
ECO-Pflanzenpflegeseife (zur besseren Haftfähigkeit aller Spritzbrühen)
FIX-FERTIG Raupenleimring: Keller, Neudorff

FELCO-Scheren (Schweizer Fabrikat für alle gärtnerischen Schnittarbeiten): Cohrs
Kirschfruchtfliegenfalle: Keller, Neudorff
LACBALSAM (für alle Wund- und Veredlungsstellen): Cohrs, Keller, Richter
LEDAX-stamm (für Stammanstrich u. Winterspritzung): Ledax
PROMANAL (Weißöl, Frühjahrsspritzmittel gegen überwinternde Schadinsekten u. Schildläuse): Cohrs, Keller, Richter
Quassia-Holz (biolog. Spritzmittel gegen Sägewespe u. andere Schädlinge): Keller
QUAST (zum Anstreichen von Preicobakt): Cohrs, Keller, Richter
Rindenreiniger: Cohrs
Wundwachs, Baumwachs: Neudorff

Ökodach (Dach zum Bepflanzen): Böhler und Schöner, Plastoplan

Pflanzliche Dünger und Pflanzenpflegemittel

ALGIFERT (als Pulver und flüssig, Blattdüngung): Cohrs, Engelhart, Der grüne Baum, Keller, Richter
Alginure Schutzspray (gegen Welke und Blattverdunstung): Engelhart, Tilco Biochemie
ARTANAX S (auf Phytonzid-Basis, wachstumsfördernd, vorbeugend gegen Pilzkrankheiten und Schadinsekten): Cohrs, Engelhart, Der grüne Baum, Keller, Richter
Baldrian-Blütenextrakt (blütenfördernd, gegen Frostschäden, Anregung des Bodenlebens): Cohrs, Keller, Richter
Bio-S (gegen Pilzkrankheiten): Cohrs, Engelhart, Der grüne Baum, Keller, Richter
Buchenholzkohlengries (kalireich, pilzhemmend): Cohrs, Engelhart, Keller, Richter
COHRS-Blumendünger: Cohrs
COHRS-Brennesselpulver: Cohrs, Engelhart, Keller, Richter
COHRS-Flüssigdünger: Cohrs
COHRS-Schachtelhalm-Compositum (vorbeugend gegen Pilz-

und Kräuselkrankheiten und
  Monilia): Cohrs
COHRS-Schachtelhalmpulver:
  Cohrs, Keller, Richter
COHRS Tannalgin (stärkt die
  Abwehrkräfte gegen Pilz-
  erkrankungen und Schad-
  insekten bei Koniferen, Rhodo-
  dendren und Immergrünen):
  Cohrs, Der grüne Baum, Keller
EQUISAN (auf Schachtelhalmbasis,
  vorbeugend gegen Pilzkrank-
  heiten): Cohrs, Der grüne Baum
Hornkieselpräparat Nr. 501 (Ver-
  stärkung der Blatt-, Blüten-
  und Früchtereifungsprozesse):
  Institut für biologisch-
  dynamische Forschung
LEDAX-WUCHS: Ledax
Meeresalgendünger, Meerwunder:
  Cohrs, Engelhart, Keller, Neu-
  dorff (Algan)
Rizinusschrot (NPK-Dünger): Der
  Blühende Garten, Cohrs, Keller,
  Richter

Regenwürmer

Angst, Eisenia, Kockskämper,
  Kompost-Service, Tacke

Sämereien und Pflanzen aus biologischem Anbau

Kräutersamen und Gewürz-
  pflanzen: Bornträger, Deutsche
  Vegetarier-Zentrale, Geisel
Gemüse-, Gründüngungssamen:
  Cohrs und Filialen
Gemüse- und Gewürzpflanzen:
  Deutsche Vegetarier-Zentrale,
  Forschungsstelle für biol.-
  dynam. Samenerzeugung, Hild
Gemüse-, Kräuter- und Gründün-
  gungssamen, Blumensamen:
  Beckmann, Deutsche Vegeta-
  rier-Zentrale, Fleischhauer,
  Geisel, Kerscher, Randuja,
  Sperling

Zur Abwehr von Schädlingen und Pflanzenkrankheiten im Gewächshaus

Bio-Baumanstrich (schützt Obst-
  bäume vor Frostschäden und
  Schadinsekten): Neudorff
Bio-Gemüse-Streumittel (aus
  Kräuterextrakten, Kieselsäure
  und Kalk): Keller, Neudorff

Dipel (Bacillus thuringiensis gegen
  Raupen): Cohrs, Keller, Richter
ECOMIN (auf Phytonzidbasis):
  Cohrs, Keller, Richter
EQUISAN: Cohrs
ETERMUT: Cohrs
Ledax-insekt (Pyrethrum): Ledax
Myctan (Kräuterextrakte, Kiesel-
  säure und Kalk): Keller, Neu-
  dorff
Oscorna Insektenschutz
  (Pyrethrum): Corna-Werk
Preicobakt (schützt Obstbäume
  vor Frostschäden und Schad-
  insekten): Cohrs
Promanal (Winterspritzmittel
  gegen Schadinsekten): Cohrs,
  Keller, Neudorff
Raubmilben- und Schlupfwespen-
  Versand: Institut für Gemüse-
  bau der Versuchsanstalt für
  Gartenbau, Mertens
Spruzit (Pyrethrum flüssig, als
  Spray und Staub): Cohrs,
  Keller, Neudorff, Richter

Tierische Dünger

Blutmehl: Engelhart, Keller
Calif. Trocken-Rinderdung: Cohrs,
  Keller, Richter
Cuxin 90 (kompostierter Hühner-
  dung): Keller
Horngries: Keller, Mahle (Kama)
Hornmehl: Cohrs, Engelhart,
  Keller, Mahle
Hornspäne: Cohrs
Knochenmehl: Cohrs, Engelhart,
  Keller, Richter
Knochenschrot: Cohrs
ORGAHUM: Mahle (Kama)
Peru-Guano: Keller
Spezial-Mist-Kompost: Kimmerle,
  Richter
Super Stallatico (kompostierter
  Schaf-, Pferde- und Rinder-
  dung): Bio-Agrar, Cohrs, Keller,
  Richter

Vlies und Folie

Abdeckvlies: Dehner, Dörken,
  Drebinger, Klem, Schumm,
  Zwaan
Abdeckfolie: Der Blühende Garten,
  Dehner, Dörken, Drebinger,
  Engel, Horstmann, Klem,
  Schumm

Wasserverbesserung

Biosmon: Cohrs, Keller, Reformhäuser

Register